王世襄珍藏文物精粹

李玉 ◎ 编著

北京出版集团
北京出版社

图书在版编目（CIP）数据

王世襄珍藏文物精粹 / 李玉编著. —北京：北京出版社，2023.2
ISBN 978-7-200-17496-0

Ⅰ．①王… Ⅱ．①李… Ⅲ．①文物—收藏—中国 Ⅳ．① G262

中国版本图书馆 CIP 数据核字（2022）第 197310 号

责任编辑：王冠中　米　琳
责任印制：刘文豪
装帧设计：宝蕾元

王世襄珍藏文物精粹
WANG SHIXIANG ZHENCANG WENWU JINGCUI

李　玉　编著

*

北 京 出 版 集 团
北 京 出 版 社　出版
（北京北三环中路6号）
邮政编码：100120

网　址：www.bph.com.cn
北 京 出 版 集 团 总 发 行
新 华 书 店 经 销
宝蕾元仁浩（天津）印刷有限公司印刷

*

210毫米×285毫米　32印张　480千字
2023年2月第1版　2023年6月第2次印刷
ISBN 978-7-200-17496-0
定价：980.00元
如有印装质量问题，由本社负责调换
质量监督电话：010-58572393
责任编辑电话：010-58572473

目录

王世襄珍藏文物精粹

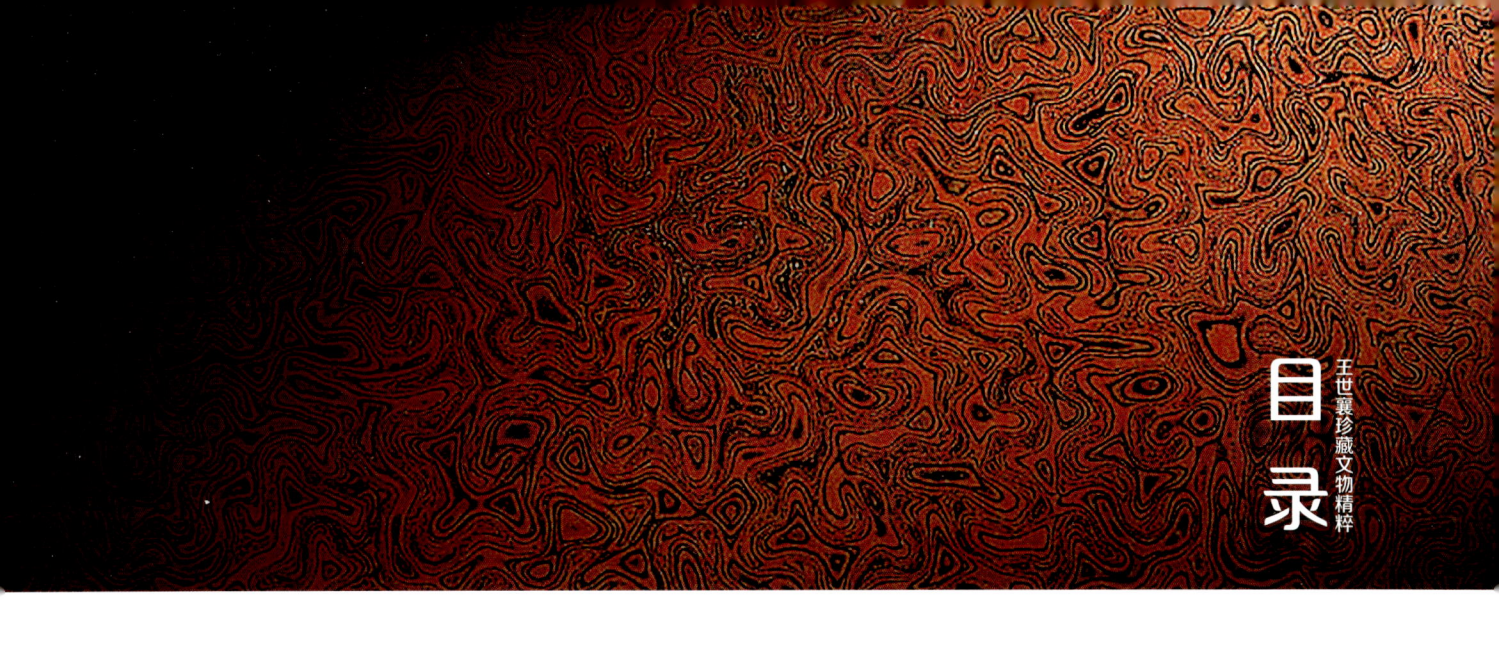

嘉木良才 家具篇

王世襄与家具 / 003

一、椅凳类 / 006
　杌　凳 / 006
　坐　墩 / 013
　交　杌 / 014
　长　凳 / 016
　椅 / 018
　宝　座 / 027

二、桌案类 / 028
　炕　桌 / 028
　炕　几 / 030
　炕　案 / 032
　香　几 / 034
　酒　桌 / 037
　半　桌 / 038
　方　桌 / 041
　条　案 / 046
　画　桌 / 054
　画　案 / 055
　琴　案 / 066

三、床榻类 / 068
　罗汉床 / 068
　架子床 / 074

四、柜架类 / 076
　　架格（书格、书架）/ 076
　　圆角柜（面条柜）/ 080

五、其他类 / 084
　　屏　风 / 084
　　闷户橱 / 087
　　联二橱 / 088
　　箱 / 089
　　提　盒 / 094
　　都承盘 / 095
　　镜台 / 097
　　宝座式 / 098
　　衣　架 / 100
　　面盆架 / 104
　　滚　凳 / 106
　　甘蔗床 / 107
　　微型家具 / 108

巧器清音 古琴篇

王世襄与古琴 / 125

一、唐　琴 / 128

二、宋　琴 / 132

三、元　琴 / 139

四、明　琴 / 146

神工鬼斧 竹刻篇

王世襄与竹刻 / 153

一、竹刻雕像 / 156

二、竹刻笔筒 / 162

三、竹刻香筒 / 168

四、竹刻扇骨 / 170

五、竹刻臂搁 / 172

珠光氤氲 铜炉篇

王世襄与铜炉　/　183

一、有耳铜炉　/　186
　　蚰耳炉　/　186
　　冲天耳炉　/　195
　　戟耳炉　/　218
　　马槽炉　/　224
　　桥耳炉　/　228
　　兽耳炉　/　230
　　天鸡炉　/　231
　　其他有耳铜炉　/　232

二、无耳铜炉　/　234
　　鬲　炉　/　234
　　鬲　炉　/　242
　　其他无耳铜炉　/　244

流光溢彩 漆器篇

王世襄与漆器　/　251

一、家具构件　/　254

二、漆　箱　/　256

三、漆　柜　/　259

四、漆　盒　/　261

五、漆盘、漆碟、漆碗　/　283

六、漆　壶　/　287

宝相庄严 造像篇

王世襄与造像　/　291

一、汉传佛教造像　/　294
　　北　魏　/　294
　　唐　/　296
　　五　代　/　298
　　辽　/　300

宋　／　304
明　／　309
清　／　320

二、藏传佛教造像　／　324
宋　／　324
元　／　326
明　／　332
清　／　345

三、各国佛教造像　／　347
印　度　／　347
尼泊尔　／　350
缅　甸　／　353
日　本　／　354

四、道教造像　／　355

五、其他造像　／　358

玲珑万象
杂项篇

王世襄与诸艺玩具　／　365

一、文　具　／　368
笔　筒　／　368
纸　镇　／　376
砚　／　380
其　他　／　382

二、盘碗瓶罐　／　384
铁　槅　／　384
碗　／　387
盘　碟　／　388
瓶　／　394
罐　／　396
盒、壶、炉　／　398

三、工　具　／　401
墨　斗　／　401
杂　项　／　403

四、玩　具　／　406
　　狗　具　／　406
　　鹰　具　／　408
　　鸟　具　／　412
　　秋虫用具　／　414
　　盆、过笼、水槽　／　419
　　冬虫用具　／　431
　　鸽　哨　／　452

五、杂　类　／　466
　　鼻烟壶　／　466
　　如　意　／　474
　　葫　芦　／　476
　　暖手、手捻　／　483
　　底　座　／　485
　　铜　车　／　486
　　瓷　器　／　487
　　法　器　／　490
　　杂　项　／　494

嘉木良才

家具篇

王世襄与家具

长期以来，中国古典家具以其独特的美学造诣受到人们的喜爱，特别是明式家具，其结构简练、造型质朴、线条利落、雕饰优美、木质精良，给人一种登峰造极的美感享受，使人不能不对中国古代家具的绝美表示欣悦。

而当中国古代家具的人文和艺术魅力，与王世襄敏锐的艺术感悟力相交，从而产生共鸣时，中国古代家具研究终于走向了第一个巅峰。

王世襄对于工艺美术的兴趣与天赋几乎与生俱来。年少时，他就受到母亲金章在古代绘画方面的艺术熏陶，20世纪40年代初，他的首部著作《中国画论研究》完成，并以此顺利从燕京大学研究院毕业。1943年，王世襄先后在故宫博物院和中央研究院历史语言研究所求职不谐，遂接受梁思成邀请加盟中国营造学社，南下重庆。绘画与建筑的结合，激发了王世襄的兴趣点，深深影响了他的向学之道，直至使他对中国古代家具产生了浓厚兴趣，并矢志进行深入研究。

正如王世襄自己所言："襄在川西李庄参加中国营造学社工作，因研读《营造法式》、清代匠作则例而对小木作及家具发生兴趣。"

王世襄在文物研究上，一向把实物放在首位，研究家具更是如此。与王世襄有总角之交的朱家溍在《两部我国前所未有的古代家具专著》一书评中这样写道："1945年他从四川回到北京，便开始留意家具资料。1949年从美国回来，他更是一有时间便骑着车到处看家具，从著名的收藏家到一般的住户，从古玩铺、挂货屋到打鼓人的家，从鲁班馆木器店到晓市的旧木料摊，无不有他的足迹。他的自行车后装有一个能承重一二百斤的大货架子，架子上经常备有大小包袱、粗线绳、麻包片等，以便买到家具就捆在车上带回家。我曾不止一次遇到他车上带着小条案、闷户橱、椅子等家具。只要有两三天假日，他便去外县采访，国庆和春节他多半不在家，而是在京畿附近的通州、宝坻、涿县等地度过的。遇到值得研究或保存的家具，原主同意出售而又是他力所能及的，便买下来。买不到则请求准许拍照。"

一次，王世襄在北京通州鼓楼北小巷内一回族老太太家中看到一对杌凳，这对杌凳的藤编软屉虽已残破，但因未被改成铺席硬屉而没有伤筋动骨，其明式家具所特有的简练朴质风格，使王世襄一见倾心。王世襄遂提出要购买这对小杌凳，老太太答道："我儿子要卖二十元，打鼓的只给十五元，所以未卖成。"闻言，王世襄二话不说，当即掏出二十元钱递给老太太。可老太太见王世襄如此干脆，竟马上改口说："价给够了也得等我儿子回来办，不然他会埋怨我。"

于是，王世襄只好坐在那儿等老太太的儿子回来。可直到天色将黑也不见其子回来，便悻悻地骑车回城，准备过两天再来买。岂料两天后，当王世襄路过东四牌楼一家挂货铺门口时，却发现打鼓的王四坐在那对小杌凳上。他当即上前询问，王四开口要价四十元。王世襄又没还价，当即就要买下，可却忘记了带钱包，等他取钱回来时，王四已将那对小杌凳卖给了在红桥经营硬木材料的梁家两兄弟。这梁家两兄弟每人拿了一件小杌凳，用来当脸盆架子，而且不愿卖给王世襄。

志在必得的王世襄并没有放弃，他隔三岔五到梁家商量购买这对小杌凳，一年里竟跑了近二十趟，最终以当初通州老太太要价的二十倍即四百元钱买了下来。

王世襄后来说："搜集文化器物总有一个经历。经历有的简单平常，有的复杂曲折，越是曲折，越是奇巧，越使人难忘。"

购买小杌凳虽然曲折，总算有一个圆满结局。可很多时候，搜集的过程奇巧异常，却每每无果而终。

据朱家溍回忆说："记得 1959 年冬天，他（指王世襄）腋下夹着一大卷灰色幕布，扛着木架子，和受邀请的摄影师来到我家，逐件把家具抬到院里，支上架子，绷上幕布，一件件拍完再抬回原处。紫檀、花梨木器都是很重的，一般至少需要两三人才能抬动。在我家有我们弟兄和他一起搬动，每件木器又都在适当位置陈设着，没有什么障碍。我的母亲也很喜欢他有一股肯干的憨劲，一切都给他方便，当然工作就比较顺利，但力气还是要费的。可是去别处就不尽然了。譬如有的人家或寺院，想拍的不是在地面上使用着的，而是在堆房和杂物堆叠在一处，积土很厚，要挪动很多东西才能抬出目的物，等到拍完就成泥人儿了。还要附带说明一下，就是揩布和鬃刷子都要他自己带，有些很好的家具因积土太厚已经看不出木质和花纹了，必须擦净，再用鬃刷抖亮，才能拍摄。这还属于物主允许搬动、允许拍摄的情况。若是不允许，白饶说多少好话，赔了若干小心，竟越惹得物主厌烦，因而被屏诸门外，那就想卖力气而不可能了。"

在特殊时期，为了保护自己费尽心力搜集来的古代家具，王世襄不得不主动申请"抄家"，以保证这些家具不被破坏。此后，被归还者共 80 件，悉数被王世襄捐给了上海博物馆。

正是王世襄对家具的一片痴心与扎实的学术功底，使得中国古代家具研究取得了意想不到的突破。

后来，王世襄撰述了品评明式家具的《明式家具的"品"与"病"》一文，指出明式家具的经典"十六品"，即简练、淳朴、厚拙、凝重、雄伟、圆浑、沉穆、秾华、文绮、妍秀、劲挺、柔婉、空灵、玲珑、典雅、清新。对于这经典"十六品"，他择词精妙，还都举有家具实例，将自己的美术功底与家具卓识结合得天衣无缝。他历时数十年编撰完成的两部鸿篇巨制《明式家具研究》和《明式家具珍赏》，更受到国内外诸多专家、学者、评论家和收藏家撰述评论，予以前所未有的盛赞，被称为"圣经"之作。

一、椅凳类

机 凳

无束腰机凳

[明] 黄花梨无束腰长方凳（成对之一）

尺　　寸　面51.5厘米×41厘米，高51厘米。
著　　录　王世襄编著，《明式家具珍赏》，图版9、11，P58。
文物传承　王世襄旧藏。现藏于上海博物馆。

品鉴　此凳腿足直落地面，没有马蹄。断面外圆内方，侧脚显著，让人能够看到家具与大木梁架间的关系。它用材粗硕，线脚简练，比例适当，显示出明代家具的神韵，非常难得。王世襄于1950年发现这件方凳时，原为细藤软屉的凳面已残破殆尽。北方藤工用较粗的藤条重编软屉，屉下马鞍形双带乃得保存。

[明] 黄花梨无束腰小方凳（成对之一）

尺　　寸　面28厘米×28厘米，高26厘米。

著　　录　王世襄编著，《明式家具珍赏》，图版10、11，P59。

文物传承　王世襄旧藏。现藏于上海博物馆。

品鉴　　此凳为卧室中的日常用具，与明黄花梨无束腰长方凳为一对。它以黄花梨板做面，取用圆材，制作质朴，憨稚有趣。因与黄花梨无束腰长方凳大小悬殊，用材粗细却没有大变化，所以更显得天真无邪。王世襄认为："数十年仅见此一对，是黄花梨家具的难得小品。"（《明式家具珍赏》）

[明] 紫檀无束腰管脚枨方凳

尺　　寸　面 52.5 厘米 ×52.5 厘米，通高 47 厘米，铜足高 5.5 厘米。

著　　录　王世襄编著，《明式家具珍赏》，图版 14，P61。

文物传承　王世襄旧藏。现藏于上海博物馆。

品鉴

　　此凳圆材，凳面以下施罗锅枨，每面加四根矮老，两两一组。足端施管脚枨。这些都是明式家具的特色。但是边抹冰盘沿起了一道阳线，"意趣较晚"。

　　此凳一大特色是四腿下端都套有铜足，铜足为筒状，有底，中塞圆木，有方孔，栽铜榫，出头部分与凳足方孔相交。铜足可以防止凳足糟朽。

　　王世襄还特别指出："凳为软屉，边框四角安连接大边与抹头的弯形短带，而不用只连接大边的弯形长带。边抹底面开长槽，屉眼打在槽内。软屉编成后，长槽用木条填堵，盖没棕藤穿结痕迹，是一种制作考究而时代较晚的手法。"（《明式家具珍赏》）据此，王世襄认为此凳制作于 18 世纪前叶。

[清中期] 花梨无束腰罗锅枨带矮老圆腿禅凳

尺　　寸　面 52 厘米 ×52 厘米，高 42 厘米。

著　　录　王世襄著，《明式家具研究（图版卷）》，甲 15，P22。

参　　阅　《锦灰集珍——王世襄先生旧藏：王世襄先生藏工艺品》，Lot：3040。

文物传承　王世襄旧藏。

品鉴　此凳为黄花梨制，全身圆材。座面以藤材编织，边抹较厚，起阳线，增加了外观的厚度，接近"垛边"的做法。罗锅枨加矮老，足端施管脚枨，在结构上更为结实。

有束腰杌凳

[明] 黄花梨有束腰三弯腿霸王枨方凳

尺　　寸　面 55.5 厘米 × 55.5 厘米，高 52 厘米。
著　　录　王世襄编著，《明式家具珍赏》，图版 18，P65。
文物传承　王世襄旧藏。现藏于上海博物馆。

品鉴　此凳为三弯腿式，弧度较大，马蹄外翻较显著。用霸王枨而不是罗锅枨，使壸门轮廓更加完整。"腿足上部内向的一角，用倒棱法将直角抹去，出现了一个平面，霸王枨就安在这里，它下端用'钩挂垫榫'与腿足相交，上端交结在凳面软屉下的两根弯带上。"（《明式家具珍赏》）

[明]黄花梨有束腰三弯腿罗锅枨加矮老方凳

尺　　寸　面48厘米×47.7厘米，高54厘米。
著　　录　王世襄编著，《明式家具珍赏》，图版19，P65。
文物传承　王世襄旧藏。现藏于上海博物馆。

品鉴　此方凳和一般明式方凳的主要不同在于，每面都安装了两根短小的矮老。王世襄认为矮老"在这里对结构的意义不大，而对圆婉流畅的壸门轮廓则起破坏作用，未免使人有'画蛇添足'之感"。（《明式家具珍赏》）此外，方凳用材较粗，凳侧添加了卷草纹饰。

[清中期] 红木有束腰马蹄腿直枨方凳

尺　　寸　面55厘米×55厘米，高53厘米。

著　　录　王世襄著，《明式家具研究（图版卷）》，甲15，P23。

参　　阅　《锦灰集珍——王世襄先生旧藏：王世襄先生藏工艺品》，Lot：3050。

文物传承　王世襄旧藏。

品鉴　此凳是有束腰杌凳的基本式样，方材，直枨，简洁朴素。案面攒框镶板，边抹出明榫，束腰以格肩榫与腿子相交。足端内翻方形马蹄。

坐 墩

[清早期] 大漆彩绘绣墩

尺　　寸　面径 30 厘米，高 54 厘米。
参　　阅　《锦灰集珍——王世襄先生旧藏：王世襄先生藏工艺品》，Lot：3047。
文物传承　王世襄旧藏。

品鉴　此墩呈鼓状，墩面径、底径相仿。此墩以黑、红为主色，古雅美观，稳重大方。腹部髹黑漆，上下沿髹朱漆。黑漆地上以朱漆描出缠枝莲纹，简约灵动。明代绣墩造型多矬硕，纹饰多简朴；而清代绣墩造型细长。具有明式风格的清代绣墩极少，此墩即为其一，更显珍贵。

交 机

[清] 黄花梨小交机

尺　　寸　　面 47.5 厘米 ×39.5 厘米，高 43 厘米。

著　　录　　王世襄编著，《明式家具珍赏》，图版 30，P70。

　　　　　　王世襄著，《自珍集》，图版 8.4，P198。

文物传承　　20 世纪 50 年代，王世襄购自北京德胜门外马甸小高处；1962 年，王世襄赠予杨乃济；1993 年，杨乃济还予王世襄。现藏于上海博物馆。

品鉴　　采用交机的基本形式，由八根直材构成。可能制作于清中期，但是与宋人摹《北齐校书图》中所见，几乎没有差异。王世襄说："可见民间日常使用的交机，千百年来一直保持着它的原来结构。"（《明式家具珍赏》）

[明] 黄花梨有踏床交机

尺　　寸　面 55.7 厘米 ×41.4 厘米，高 49.5 厘米。
著　　录　王世襄编著，《明式家具珍赏》，图版 31，P71。
文物传承　王世襄旧藏。现藏于上海博物馆。

品鉴　"机面及机足之下的横材共四根，用方材。机足四根用圆材，但在穿铆轴钉的一段，机足断面亦作方形，故意留而不削来增其坚实。机面的横材立面浮雕卷草纹，正面两足之间设踏床。踏床面板钉铜饰件，两端留做探出的圆轴，插入足端的卯眼，使踏床成为一个可以装卸或掀起、放下的附件。"（《明式家具珍赏》）这件交机的踏床设计得十分灵活。在交机折叠起来的时候，踏床可以卸下或翻转，方便携带。机面用丝绒编成，是近代重新穿织的。王世襄认为："明代交机传世极少，这是保存完好、制作又极精的一件。"

长 凳

[清早期] 榆木夹头榫长方凳（成对）

尺　　寸　　面55厘米×15厘米，高41厘米。
参　　阅　　《锦灰集珍——王世襄先生旧藏：王世襄先生藏工艺品》，Lot：3048。
文物传承　　王世襄旧藏。

品鉴　方凳榆木制，四腿八挓，造型小巧。此凳纹理十分丰富。凳面纹理和缓起伏，宛若江南小山；腿足木材纹理顺直，流线感强。凳面下安牙条，边缘锼成壸门状线条。正面牙条下各安一根横枨，腿足下端间正侧也各安两根横枨。凳面、凳腿皆有透榫，质朴古拙。

[清] 榉木夹头榫小条凳

尺　　寸　面 49.5 厘米 ×15 厘米，高 40 厘米。

著　　录　王世襄编著，《明式家具珍赏》，图版 33，P73。

文物传承　王世襄旧藏。现藏于上海博物馆。

品鉴　这是一件江南民间用具。此凳采用夹头榫结构，四足侧脚显著。腿足线脚和牙头做得淳朴可爱。整款呈案形结体，独板厚面。面板下两侧面不安牙条，任其空敞，这和大多数宋元画中的桌案一致。王世襄据此认为此凳"犹存古意"。

椅

靠背椅

[清] 榆木梳背椅（四只）

尺　　寸　面 40 厘米 ×35 厘米，通高 74 厘米。

著　　录　王世襄著，《明式家具研究（图版卷）》，甲 61，P39。

参　　阅　《锦灰集珍——王世襄先生旧藏：王世襄先生藏工艺品》，Lot：3043。

文物传承　王世襄旧藏。

品鉴 　　这四把椅子挺括大方，虽为清制，却具明式风格。椅子通体光素，靠背内安直棖，简洁明快。座面藤编软屉，边框较宽。椅盘下三面装牙条，一面装素券口牙子。腿足修长，直足落地，方中寓圆，四腿间安步步高赶枨。椅盘位置较高，靠背较矮。整体上给人舒朗明快的别样趣味。

[清] 榉木小灯挂椅

尺　　寸　　面43厘米×37厘米，通高83.5厘米。
著　　录　　王世襄编著，《明式家具珍赏》，图版36，P75。
文物传承　　王世襄旧藏。现藏于上海博物馆。

品鉴　　此椅造型简单，用材粗硕，典雅朴实。座面较一般灯挂椅低10厘米以上，形体也较小。因此座面下未安券口牙子，而是用木条锼出牙条和牙头。此椅为苏州太湖地区民间用具，王世襄收入时，"原有藤编软屉大体完好，但已有残坏处。据物主称，多年以来均有布垫覆盖保护，否则早已破损"。（《明式家具珍赏》）

[清前期至清中期或更晚] 红木小靠背椅

尺　　寸　面48厘米×44厘米，通高85厘米。

著　　录　王世襄编著，《明式家具珍赏》，图版39，P76。

文物传承　王世襄旧藏。现藏于上海博物馆。

> **品鉴**　王世襄根据此椅搭脑的造型（两端微微前倾，中间部分后倾），将其称为"牛头式"。据王世襄所见，与此椅形式完全相同者不少于三四对，只是大小尺寸有差异。他据此认为，此类型的靠背椅曾批量生产。

扶手椅

[明] 铁力四出头官帽椅

尺　　寸　面 74 厘米 ×60.5 厘米，通高 116 厘米。
著　　录　王世襄编著，《明式家具珍赏》，图版 44，P85。
文物传承　王世襄旧藏。现藏于上海博物馆。

> **品鉴**　此椅搭脑、扶手及扶手正中下面的"联帮棍"（又称"镰刀把"）均直挺。联帮棍用"耗子尾"做法，上细下粗。座面用木板硬屉。各构件唯有前足上截伸出座面之上，"鹅脖"微向前弯，座面下装罗锅枨加矮老。王世襄认为："它的造型并不使人觉得单调乏味，反而感到隽永耐看。这是靠简练的结构和合理的权衡取得的。"（《明式家具珍赏》）

[明] 黄花梨四出头官帽椅

尺　　寸　面 58.5 厘米 ×47 厘米，通高 119.5 厘米。
著　　录　王世襄编著，《明式家具珍赏》，图版 46，P89。
文物传承　王世襄旧藏。现藏于上海博物馆。

品鉴

王世襄认为，此椅的最大特点"在构件细、弯度大。弯而细的构件必须用粗大的木料才能做出。也就是说，此椅原本可以做得很粗硕，形如今状，但当时却不惜耗费工料，把它做成纤细、柔婉动人的特殊效果"。(《明式家具珍赏》)此椅靠背板浮雕花纹一朵，由朵云双螭组合而成，刀法精密。造型简练，法度严谨，属于典型明式家具。

[明]紫檀扇面形南官帽椅

尺　　寸　面前宽75.8厘米，后宽61厘米，深60.5厘米，通高108.5厘米。
著　　录　王世襄编著，《明式家具珍赏》，图版50，P93。
文物传承　王世襄旧藏。现藏于上海博物馆。

品鉴

此椅全身素混面。靠背板上浮雕牡丹纹团花一朵。座面前宽后窄，相差近15厘米。大边弧度前凸，平面做扇面；搭脑弧度后凸。座面下三面装"洼堂肚"券口牙子，沿边起"灯草线"。此椅四足外挓，管脚枨用明榫，出头少许，坚固而不累赘。王世襄认为，这"在明代家具中很少见。它可能是一种较早的做法，还保留着做大木梁架的特征"。王世襄对此椅甚为看重，他说："此椅四件一堂，尺寸硕大，紫檀器中少见。造型舒展而凝重，选材整洁，做工精湛。不仅是紫檀家具中的无上精品，更是极少数可定为明前期制的实例。"（《明式家具珍赏》）

圈 椅

[明] 黄花梨透雕靠背圈椅

尺　　寸　面60.7厘米×48.7厘米，通高107厘米。
著　　录　王世襄编著，《明式家具珍赏》，图版55，P100。
文物传承　王世襄旧藏。现藏于上海博物馆。

品鉴　椅圈圆中带扁。靠背板上部透雕火麒麟，生动欲出；下部与椅盘相接处做壶门形开光。靠背板上端、后腿上截及鹅脖与扶手拼接处，都用木条拼出角牙，雕卷草纹，精美典雅又不过分突出。突破了早期椅子过于单调的设计，强化了关键部位的结构，有起到画龙点睛的装饰。独板靠背板下端锼出亮脚，比较罕见。座面下壶门曲线优雅劲挺。王世襄认为"就艺术价值而言，所见明代圈椅以此对为第一"。(《明式家具珍赏》)

交 椅

[明代中晚期] 黄花梨圆后背交椅

尺　　寸　面 70 厘米 ×46.5 厘米，通高 112 厘米。

著　　录　王世襄编著，《明式家具珍赏》，图版 58，P106。

文物传承　王世襄旧藏。现藏于上海博物馆。

品鉴　此椅靠背板透雕精美。上为螭纹开光；中为麒麟葫芦、山石灵芝纹；下为云头纹亮脚，起卷草纹阳线。座屉横材立面浮雕双螭纹线条流畅。该椅用材粗硕，交接处多用铜饰件钉裹，椅圈腾空处极易断裂，故以金属棍连接腿足弯转部位，起坚固作用，美观实用。

宝 座

[清] 紫檀有束腰嵌螺钿脚踏残件

尺　　寸　面 117 厘米 ×38 厘米，高 11.5 厘米。

著　　录　王世襄编著，《明式家具珍赏》，图版 60，P109。

文物传承　王世襄旧藏。现藏于上海博物馆。

品鉴　此为宝座前的脚踏，但已久与宝座分散。踏面用螺钿嵌成散团螭纹，疏朗朴素。脚踏有束腰，足下有泥拖，已散失。

二、桌案类

炕 桌

[明] 黄花梨有束腰齐牙条炕桌

尺　　寸　面 108 厘米 ×69 厘米，高 29.5 厘米。

著　　录　王世襄编著，《明式家具珍赏》，图版 63，P114。

文物传承　王世襄旧藏。现藏于上海博物馆。

品鉴　此桌有束腰。腿足肩部雕兽面，故用齐牙条与腿足直线相交，以保持兽面的完整，避免干扰和破坏。足底雕成兽爪，与肩部兽面相应。

[明] 黄花梨缠莲纹三弯腿炕桌

尺　　寸　面 69 厘米 ×41 厘米，高 26.5 厘米。
著　　录　王世襄著，《自珍集》，图版 8.3，P198。
参　　阅　《俪松居长物——王世襄、袁荃猷珍藏中国艺术品》，Lot：1143。
文物传承　20 世纪 90 年代，王世襄购自北京韵古斋。

品鉴　此桌有束腰。四面牙条浮雕缠莲纹。三弯腿圆润婉转而有力。王世襄说："全桌完好无损，独板面心，缝隙处嵌窄条，仔细查看系自上嵌入，并非拆开后粘贴，故可谓'原来头'未经修理者，尤为可贵。"（《自珍集》）

[清] 黑漆炕几

尺　　寸　面 129 厘米 ×34.5 厘米，高 37.2 厘米。
著　　录　王世襄编著，《明式家具珍赏》，图版 67，P119。
文物传承　王世襄旧藏。现藏于上海博物馆。

品鉴

此几由三块厚板制成,板厚逾二寸,髹黑漆,无雕刻描饰,光素大方。两侧足上开孔,可容一掌,方便搬运。用材重硕,有一种古朴的意境美。王世襄认为,此几"气质沉穆,似出文人学士的专门设计,而非工匠的一般制品"。(《明式家具珍赏》)

王世襄珍藏文物精粹

品鉴 　此案为带抽屉的炕案中较大者。侧面采用明代技法，挡板线雕方框，翻出云头；正面则为清代手法，牙条起线铲地雕卷云。原㶉鶒木面心已破裂多年，约1955年换为铁力木整板。此案不仅可以在炕上靠墙放置，还可以放在地上使用，非常实用。

香 几

[明] 黄花梨三足香几

尺　　寸　　面径 43.3 厘米，高 89.3 厘米。

著　　录　　王世襄编著，《明式家具珍赏》，图版 72，P125。

文物传承　　王世襄旧藏。现藏于上海博物馆。

品鉴　此几边框立面做成冰盘沿脚线，束腰下接牙子。牙子上浮雕卷草纹，用插肩榫与三弯腿相交。腿肩部鼓出，足向内收敛后外翻，细长，俗称"蜻蜓腿"。足端出隼榫，接圆托泥。托泥下有小足。

[明] 铁力高束腰五足香几

尺　　寸　面径 61 厘米，肩径 67 厘米，高 89 厘米。
著　　录　王世襄编著，《明式家具珍赏》，图版 73，P127。
文物传承　王世襄旧藏。现藏于上海博物馆。

品鉴　几面用整板制作。采用"真三上"做法，束腰、托腮、牙子分别制作。束腰露腿部上截，形如矮老；束腰上凿海棠式透孔。托腮宽厚。足端削成球状，有榫与托泥相交。"此几用材粗大，格调厚拙，原来应是寺庙中物，除香炉外，亦可置放铜磬等法器，与其他几件香几，迥异其趣。"（《明式家具珍赏》）

[明] 黄花梨四足八方香几

尺　　寸　面径 37.2 厘米 ~50.5 厘米，高 103 厘米。

著　　录　王世襄编著，《明式家具珍赏》，图版 75，P130。

文物传承　王世襄旧藏。现藏于上海博物馆。

品鉴　几面不再用圆形，而采用八边形，实为用攒边打槽装板制成。下装一木连做的束腰和波折形牙子，模拟锦袱下垂。三弯腿弧度小，高度比一般香几高十余厘米，高俊挺秀。托泥与几面呼应，亦不采用圆形，而用矩形，抹边内凹，下有小足；四角与四腿相交。"造型新奇脱俗，多年仅见此一例。"（《明式家具珍赏》）

酒 桌

[明] 铁力插肩榫酒桌

尺　　寸　面94.7厘米×50厘米，高72厘米。
著　　录　王世襄编著，《明式家具珍赏》，图版79，P134。
文物传承　王世襄旧藏。现藏于上海博物馆。

"此桌木质极旧而式样较早。"（《明式家具珍赏》）面心黑漆，周围起拦水线。下安壸门式轮廓的牙子，腿足以插肩榫与之自然相接。腿上起"两炷香"线，中下部凸出，如花叶卷转。足端卷云有小足，已腐朽。腿侧设两枨。

半　桌

[明] 黄花梨有束腰矮桌展腿式半桌

尺　　寸　面 104 厘米 ×64.2 厘米，高 87 厘米。
著　　录　王世襄编著，《明式家具珍赏》，图版 84，P138。
文物传承　王世襄旧藏。现藏于上海博物馆。

品鉴

此桌外形分为上、下两部。上部犹如一件有束腰、方材、三弯腿外翻马蹄的大炕桌，下部则像是无束腰家具的圆形腿足，足端鼓出，有如柱础。腿足由一木连做，又使上、下两部成为一个整体。

此桌束腰有荷叶状波折。"看面牙条浮雕双凤朝阳，云朵映带，图案颇似明锦。侧面牙条刻折枝花鸟，又有万历彩瓷意趣。牙子下安龙形角牙，腿上安雕灵芝纹霸王枨。它雕饰虽繁，不为所累，却收到华丽妍秀、面面生姿的效果。"（《明式家具珍赏》）

此桌雕饰甚繁，或与晚明社会追求奢华的风气有关。但雕饰集中，雕工细腻，形成局部繁复与整体简练造型的强烈对比。

[清] 南柏无束腰直枨加矮老半桌

尺　　寸　　面98.5厘米×67厘米，高84.5厘米。
著　　录　　王世襄编著，《明式家具珍赏》，图版82，P137。
文物传承　　王世襄旧藏。现藏于上海博物馆。

品鉴　　桌面用桦木制，余用南柏。桌面下安牙条，贴边抹缩进一指许，有如束腰，但被四腿分割，没有交圈。四腿间施直枨，于牙条与直枨间安矮老，颇为少见，显出新意。

方 桌

[明] 黄花梨有束腰喷面大方桌

尺　　寸　面 128 厘米 × 128 厘米，高 89.2 厘米。
著　　录　王世襄编著，《明式家具珍赏》，图版 90，P145。
文物传承　王世襄旧藏。现藏于上海博物馆。

品鉴　此桌采用"喷面式"做法，边抹很宽，向外探出，超过了四足占的面积。全身打洼，束腰与牙子连做。牙子下攒扁长方框，方框下又挖角牙，颇似罗锅枨。

[明] 黄花梨一腿三牙罗锅枨小方桌

尺　　寸　　面82厘米×82厘米，高81厘米。
著　　录　　王世襄编著，《明式家具珍赏》，图版87，P142。
文物传承　　王世襄旧藏。现藏于上海博物馆。

品鉴　　此桌四边均比一般方桌短约10厘米，被北京匠师称为"六仙"。桌面面心为大理石质，王世襄认为似为后配。侧脚显著，角牙做得较大。桌面下安牙条，牙条下施罗锅枨，是一腿三牙方桌的常见形式。此桌几乎全身光素。

[明] 黄花梨一腿三牙罗锅枨加卡子花方桌

尺　　寸　面 89 厘米 ×89 厘米，高 85.5 厘米。
著　　录　王世襄编著，《明式家具珍赏》，图版 88，P143。
文物传承　王世襄旧藏。现藏于上海博物馆。

品鉴　此桌腿足方材，有棱有线，采"甜瓜棱"做法。腿间施罗锅枨，枨上有小段弯曲并出钝尖。牙条与罗锅枨间安云纹卡子花。牙头锼挖卷草纹。王世襄认为，此桌"在稳重的造型上又增添了清丽动人的装饰"，并认为在收入《明式家具珍赏》的三件一腿三牙罗锅枨方桌中，以此桌最为成熟。"正因如此，传世的与此做法完全相同的明制方桌至少曾见到四件。这也足以说明在当时已成为一种标准的做法。"（《明式家具珍赏》）

[清] 无束腰一腿三牙直枨方桌

尺　　寸　　面66厘米×66厘米，高68厘米。

参　　阅　　《锦灰集珍——王世襄先生旧藏：王世襄先生藏工艺品》，Lot：3042。

文物传承　　王世襄旧藏。

品鉴

"一腿三牙"是明式方桌中的常见形式。所谓"一腿三牙"，是指"四条腿中的任何一条都和三个牙子相交。三个牙子即两侧的两根长牙条和桌角的一块牙头"（《明式家具研究》）。"一腿三牙"的一个重要特点是腿子不安在方桌的四角而稍有缩进。

王世襄对"一腿三牙"有颇多研究。对于它的特点，王世襄说："一腿三牙方桌因腿子缩进，但它又必须与桌面的边抹相交，所以边抹要有相当的宽度。边抹既宽，便不宜厚，以免用料太多并过于笨重。但边抹料薄了又会和桌子的整体不相称。为此，边抹多数采用垛边的造法来解决这个矛盾。"

此桌腿足为圆形，腿足之间安锼出曲线牙条，牙条下施直枨。腿子上端安牙头，支撑桌面边抹格角相交的地方，并将90度的桌角平分为二。

"从一腿三牙方桌可以看出家具在结构和形式、用材、装饰等方面相互牵连和制约的关系。"

[近代] 大叶紫檀折叠方桌

尺　　寸　面 62 厘米 ×62 厘米，高 58 厘米。

参　　阅　《锦灰集珍——王世襄先生旧藏：王世襄先生藏工艺品》，Lot：3039。

文物传承　王世襄旧藏。

品鉴

此桌为大叶紫檀质。桌面方材，纹理顺直。桌下置圆材横枨四根近似十字枨却不相交，既增加牢固性，又不占用桌下空间。腿足圆材，直落地面。此桌面板取下后，腿足可折叠，搬运方便，节省空间，巧妙实用。

条 案

夹头榫条案

[明] 黄花梨夹头榫翘头案

尺　　寸　面 126.2 厘米 ×39.7 厘米，高 86.2 厘米。
著　　录　王世襄编著，《明式家具珍赏》，图版 100，P154。
文物传承　王世襄旧藏。现藏于上海博物馆。

品鉴　此案曾被人染为黑色，王世襄后将其洗刷还原。面心板为铁力木。牙子用材较厚，表面中间隆起，周匝加一道阴纹线。腿足用夹头榫，但因牙条厚，包裹了腿足的一部分。腿足直落地面，侧足之间只用一条横枨。横枨拱起略如平桥。外观简洁舒朗，细节精致。"这些都出自梓人的意匠经营。"（《明式家具珍赏》）

[明] 黄花梨夹头榫翘头案

尺　　寸　面141厘米×47厘米，高83厘米。
著　　录　王世襄编著，《明式家具珍赏》，图版103，P159。
文物传承　王世襄旧藏。现藏于上海博物馆。

品鉴　　通体用黄花梨制。案面用宽材做大边，抹头和翘头一木连做。翘头下打槽装板，将抹头压在下面，格外简洁。案面花纹如湍流，数处如有"鬼面"。王世襄认为："匠师是要充分显示木纹的美，所以才尽量保留其长度，采用了翘头下打槽装板的做法。"（《明式家具珍赏》）案面下安素牙头，棱角分明，简单利落。足下安托子，雕云纹，上安壶门式圈口。圈口上打破常规，未施横枨，更显简洁。

[明] 黄花梨夹头榫大平头案

尺　　寸　面 350 厘米 ×62.7 厘米，高 93 厘米。
著　　录　王世襄编著，《明式家具珍赏》，图版 104，P161。
文物传承　王世襄旧藏。现藏于上海博物馆。

品鉴 王世襄说此案"在北京久为人知,是一件重器"。面心用整板制成。香炉腿之间用设四块雕云纹的厚木条构成圈口,施管脚枨。枨下不用一般常见的素牙条,而安一根两卷相抵的圆枨。"因如此大案,单薄的牙条既难承托,而且比例权衡也会失调的。"(《明式家具珍赏》)在传世实物中,案长350厘米且用独幅板做面心者仅此一件。

[明] 鸂鶒夹头榫直棂式平头案

尺　　寸　　面 87 厘米 ×43 厘米，高 79.5 厘米。
著　　录　　王世襄编著，《明式家具珍赏》，图版 102，P157。
文物传承　　王世襄旧藏。现藏于上海博物馆。

> **品鉴**　　此案做法为明代实物所少有。上部为平头案，而下部颇具古意。足下安托子，托子以上挡板部位只安三根直棂，简单舒朗。"它保留着隋唐以来直栅横跗案的遗意，仿佛是从日本正仓院藏的唐黑漆十八足几简化而成的。此种做法，宋代以前颇为流行。"（《明式家具珍赏》）

夹头榫条案变体

[清] 榉木罗锅枨加卡子花平头案

尺　　寸　　面 84.5 厘米 ×37.5 厘米，高 83 厘米。
著　　录　　王世襄编著，《明式家具珍赏》，图版 105，P162。
文物传承　　王世襄旧藏。现藏于上海博物馆。

品鉴　　此案看面腿足间施罗锅枨，上加两朵双套环卡子花。腿外吊头下用木条做透空牙头，以虚代实。腿足侧面施横枨，装开有扁方形透光的绦环板。足下有托子，上安圆角长方圈口。"工匠越出常规，将上述的几种做法巧妙地结合到一起，运用自如，并没有给人标新立异之感，所以设计是成功的。"（《明式家具珍赏》）

插肩榫条案

[明] 黄花梨插肩榫翘头案

尺　　寸　面 140 厘米 ×28 厘米，高 87 厘米。
著　　录　王世襄编著，《明式家具珍赏》，图版 107，P164。
文物传承　王世襄旧藏。现藏于上海博物馆。

品鉴

面板为"一块玉",厚达 3.5 厘米。案面两端设有小翘头与抹头一木连做。沿着牙、腿边缘起灯草线,腿足正中起"两炷香"线。四足自案头两端内缩而置,两侧双腿间施双横枨。腿足与案面以夹头榫相连,插肩榫两侧在牙条上各锼卷云一朵。王世襄认为此案"妙在卷云稍稍向内倾仄,云下又生出小小钩尖。倘将卷云摆正,或将钩尖略去,随圆转去,将使翘头案大为减色"。(《明式家具珍赏》)

画 桌

[明] 紫檀无束腰裹腿罗锅枨画桌

尺　　寸　面109厘米×74厘米，高78厘米。
著　　录　王世襄编著，《明式家具珍赏》，图版108，P167。
文物传承　王世襄旧藏。现藏于上海博物馆。

品鉴

　　案面下施罗锅枨，但放弃了加矮老或卡子花的做法，而是加大枨子用料，使其紧贴桌面，造型更加古朴。腿足与案面相接处又施霸王枨，避免因罗锅枨与腿足的连接到上移而有损坚实。

　　此案的明制黑漆面心"完好无缺，精光内含，暗如乌木，断纹斑驳，色泽奇古，和黝黑的紫檀，相得益彰"，（《明式家具珍赏》）十分珍贵。

画案

[明] 黄花梨夹头榫画案

尺　　寸　面 151 厘米 ×69 厘米，高 82.5 厘米。

著　　录　王世襄编著，《明式家具珍赏》，图版 111，P170。

文物传承　王世襄旧藏。现藏于上海博物馆。

> **品鉴**　此案整体结构标准，为明代画案中所常见。其与一般明代画案不同之处，乃是边抹、腿枨等用料皆大于和它尺寸相似的桌案，颇具厚拙凝重的风格。

[明] 紫檀插肩榫大画案

尺　　寸　面 192.8 厘米 ×102.5 厘米，高 83 厘米。
著　　录　王世襄编著，《明式家具珍赏》，图版 115，P174。
文物传承　王世襄旧藏。现藏于上海博物馆。

品鉴

此案全身光素，边抹冰盘沿线脚简练，牙子、腿足边缘起灯草线。牙条下安卷云头，腿足顶端的插肩榫与卷云头、牙条相接。因此案尺寸宽大，用材重硕，因而"卷云牙头不仅是一种装饰，它承担着更为重要的负荷和加强连接的作用"。(《明式家具珍赏》)每两根腿足间用两根方枨连接，足端略施雕饰。

该案的一牙条上镌有光绪丁未（1907年）清宗室溥侗的题识，全文共96字："昔张叔未藏有项墨林棐几、周公瑕紫檀坐具，制铭赋诗锲其上，备载《清仪阁集》中。此画案得之商丘宋氏，盖西陂旧物也。曩哲留遗，精雅完好，与墨林棐几、公瑕坐具，并堪珍重。摩挲拂拭，私幸于吾有夙缘。用题数语，以志景仰。丁未秋日，西园懒侗识。"

此案为明末商丘望族宋荦（即西陂）家传之物，后被人从河南卖到北京，为清宗室溥侗所得，并在案上题识镌刻，述其来历。此案形制巨大，且出自名门，遂被推为存世第一紫檀画案。

[现代] 北楼先生制楠木画案

尺　　寸　画案组装后：

　　　　　　案面 164 厘米 ×82 厘米，案高 84 厘米。

　　　　　　案足占地面积 174 厘米 ×92 厘米。

　　　　　　画案拆卸后：

　　　　　　案面板两块，每块厚 3 厘米，横纵 82 厘米 ×41 厘米。

　　　　　　小箱两具，每具高 33 厘米，横纵 82 厘米 ×41 厘米。

　　　　　　大箱两具，每具高 54 厘米，横纵 92 厘米 ×51 厘米。

著　　录　王世襄著，《自珍集》，图版 8.12，P204。

参　　阅　《锦灰集珍——王世襄先生旧藏：王世襄先生藏工艺品》，Lot：3051。

文物传承　王世襄舅父金城（金北楼）定制。特殊时期被抄，归还后出售。后王世襄购自北京北新桥旧家具店。

嘉木良才 / 家具 /

059

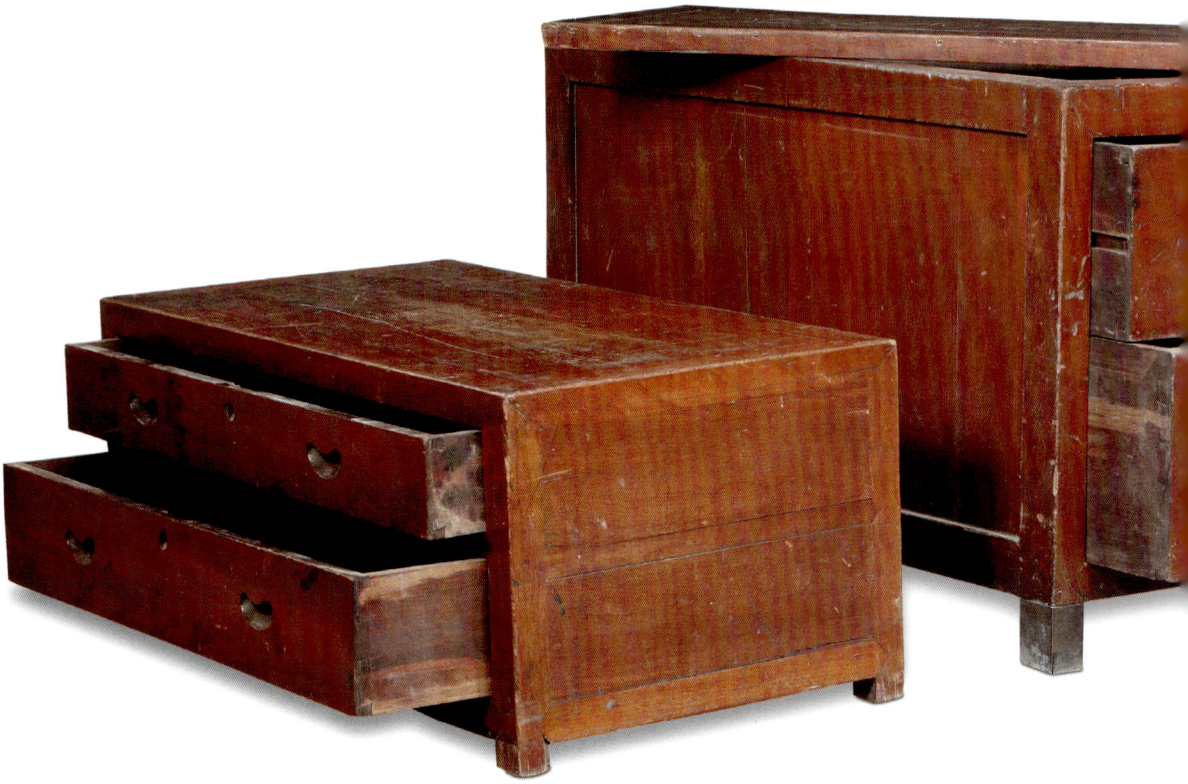

品鉴

此案为王世襄舅父金城（金北楼）亲自设计绘图，延工监制。特殊时期时案被抄，归还后因无地可容而出售。后来王世襄于北京北新桥旧家具店购得。

此案通体楠木质，由面板、大箱、小箱三部分组成，色泽统一自然。

采用榫卯结构，榫头全隐不外露，画案至今结实可用。

画案由面板、小箱、大箱各二组组装而成。各部分摆置方法自由，使用者可根据自己意愿，用不同的方式摆置。两具小箱又有抽屉两个，抽拉方向不同；两具大箱亦有抽屉两个，均向后抽拉。

除组合灵活外，画案拆卸后面板和小箱可装入两具大箱，一人肩挑两具大箱即可搬运，非常方便。

此画案外形不仅有传统的中国架几案元素，更融入现代西方写字台的风格，既典雅大方，又有时代气息，十分精妙。

金城（1878—1926），号北楼，人称"北楼先生"。浙江吴兴人，王世襄大舅。出身书香门第，博学多才，传统功力极为深厚，书画篆刻金石六艺无所不精，为清末民初画坛的巨星。

[1996年] 花梨独板面大画案、脚踏及桌上小案

尺　　寸　画案：面 271 厘米 ×91 厘米，高 82 厘米，面板厚 7.6 厘米。
　　　　　　脚踏：面 109 厘米 ×30 厘米，高 16 厘米。
　　　　　　小案：面 68.3 厘米 ×24 厘米，高 5.9 厘米。
著　　录　王世襄著，《自珍集》，图 8.14，P210（仅大画案）。
参　　阅　《锦灰集珍——王世襄先生旧藏：王世襄先生藏工艺品》，Lot：3053。
文物传承　1996 年秋，王世襄设计绘图，委托制作。

大䂺木，為益損明權運乃吾龐渾鯨象世妍我朴耽華好足脊然然屋陳斤堂斷察克郭巨材贈君與我永家商略始器陳樣剖文君也刻華纯墨者斯介作白青稼有厠生傅録銘丁丑中秋王世襄書芳草地東巷西巷

嘉木良才 / 家具篇 /

063

王世襄珍藏文物精粹

品鉴

1995年夏，王世襄、袁荃猷夫妇赴慈溪参观旧家具市场时，委托瑞永工艺公司原经理郭永尧开料时留厚板一块。1996年秋，郭永尧告知开料有期。王世襄绘大案草图，标明尺寸寄往。郭永尧遂用集装箱将案料运至北京。后王世襄与田家青商量形式结构，并随工监造而成。

此案用夹头榫式结构，独板面板厚近8厘米，下安长牙子，两根双横枨连接腿足。此案牙条上有王世襄亲作铭文：

> 大木为案，损益明甓。椎凿运斤，乃陈吾屋。庞然浑然，鲸背象足。世好妍华，我耽拙朴。
>
> 郭君永尧，赠我巨材，与家青商略兼旬，始作斯器。绳墨操斧者陈萃禄，剞劂铭文者傅君稼生也。丁丑中秋，王世襄书于城东芳草地西巷。

此案特点甚多，王世襄曾自述：

一、大案全法明式，但在明式之特点上更加重、更突出其特点，故可谓比明式更为明式。

二、材为花梨，但案面纹理流动多姿，且有狸首、鬼面等为黄花梨所有而花梨所无者。不知是否由于树老围粗，质材扭曲，乃生变异；抑为花梨之别种，故纹理殊观。

三、传世大画案，未见有如此之长者。面板独材，未见有如此之厚者，腿足如此之壮者。

四、面板重六七百斤，故足端不须留榫，板上凿卯，上下扣接。只须平置四足之上，自然安稳。正因如此，面板可正背两面轮换使用。

五、牙子用方材，已不得称之为"牙条"，而当名之曰"枋子"。侧端不加横材，任其空敞不"交圈"。桌案如此结构，常于宋画中见之，故可称之为"宋式"。此予损明式而从宋式也。

脚踏与大案气韵相通，简约大方，其色泽与风格如与大案孪生。桌上小案，亦花梨木质，所用木材为大案余料。

琴 案

[明末清初] 黄花梨琴案

尺　　　寸　　面159厘米×60.5厘米，高72厘米，开孔20厘米×11.5厘米。
著　　　录　　王世襄著，《自珍集》，图版8.1，P194。
参　　　阅　　《锦灰集珍——王世襄先生旧藏：王世襄先生藏工艺品》，Lot：3052。
文物传承　　1945年，王世襄在北京购得桌案，旋改为琴案。

品鉴

此案本为明式平头案，系王世襄1945年自重庆返京，最早购得的黄花梨家具。该案纹理美观。案面独板，光素刀牙板。腿足方材，侧面足间用双枨连接，结构造型朴质简练。

当时王世襄的夫人袁荃猷向我国著名古琴家管平湖学琴，王世襄遂在管平湖指导下改制此琴案。管平湖认为，琴几之制，以可供两人对弹的桌案为佳。两端大边内面板各开长方孔，若置古琴于上，琴首和下垂的轸穗正好被收入孔中。而且师生可以对坐，两琴并置，研习指法，最见成效。新的琴案据此改制而成。

此后，管平湖、袁荃猷弹琴，都用此案。此琴案还被其他琴家如张伯驹、郑珉中、杨葆元、吴文光、查阜西、杨新伦、溥雪斋、潘素、沈幼、白祥华等抚弄弹奏过，承置过王世襄的"大圣遗音"、汪孟舒的"春雷"、程子容的"飞泉"等无数宋元名琴。

也正是因此，这件家具具有了非比寻常的价值与意义。正如王世襄所云："多年来，予每以改制明代家具难辞毁坏文物之咎。而荃猷则以为此案至今仍是俪松居长物，端赖改制。否则定已编入《明式家具珍赏》而随所藏之79件入陈上海博物馆矣。且睹物思人，每见此案而缅怀琴学大师管平湖先生。一自改制，不啻为经先生倡议、有益护琴教学之专用琴几保存一标准器，可供来者仿制。是实已赋予此案特殊之意义及价值，其重要性又岂是一般明式家具所能及。吾韪其言，故今置此案于家具类之首。"（《自珍集》）

嘉木良才 / 家具篇 / 067

三、床榻类

罗汉床

品鉴

此床尺寸硕大，用料厚重。床面较一般罗汉床宽大，坐着舒适。三面床围子用攒接法，仿云冈石窟北魏栏杆的风格，做成曲尺式棂格，空灵秀丽，观赏性极高。床身有束腰，鼓腿彭牙式，用大料整挖的内翻马蹄足，兜转有力，弧度夸张，敦实牢固。

王世襄认为，鼓腿彭牙式床身"需用大料，而紫檀难求，这或许可以解释何以此床使用了两种不同的硬木，但仍不能排除床身和围子乃由两床配成的可能性"。（《明式家具珍赏》）

[明] 铁力床身紫檀围子三屏风罗汉床

尺　　寸　面221厘米×122厘米，通高83厘米。
著　　录　王世襄编著，《明式家具珍赏》，图版124，P184。
文物传承　王世襄旧藏。现藏于上海博物馆。

[清] 榉木三屏风攒边围子罗汉床

尺　　寸　面 200 厘米 ×92 厘米，通高 88 厘米。
著　　录　王世襄编著，《明式家具珍赏》，图版 123，P185。
文物传承　王世襄旧藏。现藏于上海博物馆。

品鉴 围子中高旁低,如五屏风。实际攒边装板,做成一块,仍是三屏风。装板用高浮雕刻螭虎灵芝纹,做工饱满圆润,为明代风格。牙条与束腰一木连做,鼓腿大挖,马蹄有力。此床多为明式手法,"惟其制作年代据吴县东山镇藏者称已入清"。(《明式家具珍赏》)

[清] 紫檀三屏风绦环板围子罗汉床

尺　　寸　　面 216 厘米 × 130 厘米，通高 85 厘米。

著　　录　　王世襄编著，《明式家具珍赏》，图版 125，P187。

文物传承　　王世襄旧藏。现藏于上海博物馆。

品鉴 此床三面围子，后背一根如南官帽椅的搭脑，两旁两根如扶手。围子中间设绦环板，开鱼门洞。床身无束腰，设管脚枨。管脚枨上安立材，装横楣子式的窄横方框，但留较大空间，以便垂足坐在床沿时，即使不设脚踏，管脚枨也可供人踏足。此床工料极精，形象秀丽。主要构件均用紫檀，所有框包括绦环板则用一种深黄色软性木材，两相配合，十分醒目。

架子床

[明] 黄花梨架子床围子透雕残件

尺　　寸　侧面围子透雕 129 厘米 ×27 厘米，厚 2.4 厘米。
　　　　　　门围子透雕 34.2 厘米 ×26.2 厘米，厚 2.4 厘米。
著　　录　王世襄编著，《明式家具珍赏》，图版 127，P194。
文物传承　王世襄旧藏。现藏于上海博物馆。

品鉴　王世襄据残件形制得知，此为架子床门围子及侧面围子的残件。此件"透雕两面做，刀工娴熟快利，确为明制"。（《明式家具珍赏》）

嘉木良才 /家具篇/

四、柜架类

架格（书格、书架）

[明] 黄花梨品字栏杆架格

尺　　寸　面 98 厘米 ×46 厘米，高 177.5 厘米。
著　　录　王世襄编著，《明式家具珍赏》，图版 131，P201。
文物传承　王世襄旧藏。现藏于上海博物馆。

品鉴　架格方材。格板三层，上层隔层安装两个暗屉，屉面精雕螭纹，不受吊牌拉手干扰，花纹生动，保护完整。三面栏两横挤纵形成品字棂格。整个架格繁简得宜，轻盈富丽，体现了明式家具简洁典雅流畅的特点。

嘉木良才 / 家具篇 /

077

王世襄珍藏文物精粹

[明]黄花梨几腿式架格

尺　　寸　面91厘米×40厘米，高129厘米。
著　　录　王世襄编著，《明式家具珍赏》，图版134，P203。
文物传承　王世襄旧藏。现藏于上海博物馆。

品鉴　　此架格在注重艺术美观的同时，也将实用性、耐用性一应考虑俱全。该架格最大的特点，是本身无足，而用两几支承。它是普通架格的变体。架格通体方材，打洼，格板三层，中层下安抽屉两具。两件长方形几子也用方材打洼，几子面四边有三边起灯草线。两几毁于特殊时期。

圆角柜（面条柜）

[明] 榉木圆角柜

尺　　寸　柜顶94厘米×49厘米，足底95厘米×50厘米，高167厘米。
著　　录　王世襄编著，《明式家具珍赏》，图版142，P213。
文物传承　王世襄旧藏。现藏于上海博物馆。

品鉴　此柜采用明代一般黄花梨圆角柜做法，有闩杆、柜堂。柜内有抽屉架，安两具暗红色漆抽屉。正面原有牙条，已散失，后据侧面牙条形状补配。据王世襄介绍："此柜来自吴县洞庭东山石桥村，即明大学士王鏊的故里。当地农民称之曰'书橱'，据说是过去官宦书香人家才有的家具。"（《明式家具珍赏》）

嘉木良才 /家具篇/

王世襄珍藏文物精粹

082

[明] 黄花梨变体圆角柜

尺　　寸　面 106 厘米 ×53 厘米，高 175.5 厘米。
著　　录　王世襄编著，《明式家具珍赏》，图版 144，P217。
文物传承　王世襄购自绵宜后人处。现藏于上海博物馆。

品鉴　此柜为圆角柜中的变体，无柜帽，如"一封书"式方角柜，但正面柜顶横木略具柜帽之形，两端各凸出一个半月形，挖臼窝纳门轴，又似圆角柜。选料极精，柜门板心和两侧柜帮用整齐的大株原材开板制成，几乎都是独板。王世襄认为，这是"一对式样罕见而工料皆精的明代柜子"。

五、其他类

屏 风

[明] 黄花梨小座屏风

尺　　寸　底座 73.5 厘米 ×39.5 厘米，高 70.5 厘米。
著　　录　王世襄编著，《明式家具珍赏》，图版 151，P228。
文物传承　王世襄旧藏。现藏于上海博物馆。

品鉴　这件小屏风虽用于案头陈设，却完全模仿大型座屏风。此屏风边框内的分隔，把屏心上、下各横分为绦环板三块，两侧各竖分为两块，这是大屏风的做法。当然，二者也有差异。大屏风在白石座屏风座底雕蹲龙，而小屏风在墩座上做出如意云头抱鼓夔花安站牙。屏心原装有大理石板，已因破碎撤去。

嘉木良才 /家具篇/

085

[明] 黄花梨插屏式小座屏风

尺　　寸　底座 38 厘米 ×15 厘米，高 36.5 厘米。
著　　录　王世襄编著，《明式家具珍赏》，图版 152，P229。
文物传承　王世襄旧藏。现藏于上海博物馆。

品鉴　此件屏风使用了两种线脚。插屏边框打洼，底座两根立柱及帐子平面踩委角线。屏风无绦环板；垂直安装一条披水牙子；墩子抱鼓，而直径缩小内移；站牙已简化。与其他屏风相比，此屏风简化了许多，但大体保持墩座形态。王世襄认为："几件屏风的对比，使我们看到了家具是如何由大而小，构件是如何削繁就简的。"（《明式家具珍赏》）

闷户橱

[明] 铁力闷户橱

尺　　寸　面 98 厘米 × 47 厘米，高 85 厘米。

著　　录　王世襄编著，《明式家具珍赏》，图版 153，P230。

文物传承　王世襄旧藏。现藏于上海博物馆。

品鉴

　　此橱为民间家具，全身光素，橱面大边用透榫，抽屉脸用明榫。闷仓下施罗锅枨，而未用牙条。侧面闷仓的立墙，用又宽又厚的大材制作。王世襄认为，"工匠所追求的主要是坚实耐用，而不去考虑那些明榫是否会影响整洁，厚墙是否会显得笨拙"。（《明式家具珍赏》）

联二橱

[明] 黄花梨螭纹联二橱

尺　　寸　　面 112 厘米 ×59 厘米，高 89.5 厘米。
著　　录　　王世襄编著，《明式家具珍赏》，图版 154，P231。
文物传承　　王世襄旧藏。现藏于上海博物馆。

品鉴　　此橱除牙条雕缠莲纹外，正面各部位皆雕近似草龙、龙恣意尾卷曲的螭纹。闷仓立墙与抽屉脸用落堂踩鼓的做法，"使花纹显得醒目饱满"。（《明式家具珍赏》）抽屉脸正中浮雕下垂云头，中留空白，以安装铜制饰件和拉手。面叶窄长，与常见的闷户橱圆形、方形面叶不同。此橱做工精细、工艺娴熟、雕纹精湛，明式风格显著。

❊ 箱 ❊

[明] 黄花梨小箱

尺　　寸　面 42 厘米 ×24 厘米，高 18.7 厘米。
著　　录　王世襄编著，《明式家具珍赏》，图版 157，P234。
文物传承　王世襄旧藏。现藏于上海博物馆。

品鉴　小箱一般用于装金银细软和簿册。此箱全身光素，只在盖口及箱口起两道灯草线，既为装饰，更有加固作用。王世襄对此有详细解释："因盖口踩出子口后，里皮减薄，外皮如不起线加厚，便欠坚实"，"正有此故，起线成为小箱的常见做法。"（《明式家具珍赏》）

此外，小箱多处采用铜饰件，如立墙的四角皆用铜叶包裹，盖顶四角则镶钉云纹铜饰件，正面圆面叶，云头形拍子。

王世襄认为，此箱可代表明代小箱的基本形式。

[清] 九屉文具箱（1对）

尺　　寸　面62厘米×26厘米，高34厘米。

参　　阅　《锦灰集珍——王世襄先生旧藏：王世襄先生藏工艺品》，
　　　　　Lot：3019。

文物传承　王世襄旧藏。

嘉木良才 /家具篇/

品鉴 　　此箱为古人存放文房四宝的专用之器。两件文具箱皆呈长方形，四面规整。全身光素，朴质无文，颇具古意。每箱置大小不等的抽屉九具，设计非常巧妙。面叶为圆花形，吊牌简单，风格简约雅致，与文具箱整体风格相得益彰。此箱大气素静，内敛沉稳，正合书房案几的书香雅气。

［清］花梨木小书箱（1对）

尺　　寸　面47厘米×40厘米，高42厘米。
著　　录　王世襄著，《明式家具研究（文字卷）》，P136。
参　　阅　《锦灰集珍——王世襄先生旧藏：王世襄先生藏工艺品》，Lot：3049。
文物传承　王世襄旧藏。

嘉木良才 |家具 篇|

093

品鉴

此对书箱造型方正，两门对开通体光素无雕饰，大气质朴。侧面攒框装板，出明榫。此箱最有特色者当数铜饰，用镂空寿字的面叶、錾花双鱼吊牌和蝴蝶形合页。王世襄以此作为"家具完全光素，仗着饰件的装饰来破除沉寂，使整体活跃起来"的饰件典型。

提 盒

[明] 黄花梨提盒

尺　　寸　面 36 厘米 ×20 厘米，通高 21.3 厘米。
著　　录　王世襄编著，《明式家具珍赏》，图版 160，P237。
文物传承　王世襄旧藏。现藏于上海博物馆。

> **品鉴**　提盒为长方形，本身有两撞，上一撞口内设平盒，加上盒盖实际是四撞。每撞沿口与小箱做法类似，起灯草线，以起坚固作用。下撞盒底在底座槽口中，底座抹头竖立柱，安站牙，上安横梁，交接处均镶嵌铜叶加固。盒盖两侧正中打孔，立柱与此相对处亦打孔，铜条从中贯穿，使盒盖固定在两柱之上。

都承盘

[明] 瀫鸂都承盘

尺　　寸　面 35.4 厘米 × 35.4 厘米，高 15.4 厘米。
著　　录　王世襄编著，《明式家具珍赏》，图版 161，P238。
文物传承　王世襄旧藏。现藏于上海博物馆。

品鉴　此盘为方形，盘下部设两具抽屉。上部采用"风车式"做法，四面有井字式栏杆。栏杆四角立柱直通底盘。此盘墙柱结构颇具特色。"三面盘墙，均用整板，板端出长榫，和四根角柱榫卯相交，与常见的攒框打槽装板结构不同。它为制作墙柱结构家具提供了一种值得注意的做法。"（《明式家具珍赏》）

[清中期] 黑漆描金山水纹篾胎都承盘

尺　　寸　面 31 厘米 ×21.5 厘米，高 2.8 厘米。

参　　阅　《锦灰集珍——王世襄先生旧藏：王世襄先生藏工艺品》，
　　　　　Lot：3020。

文物传承　王世襄旧藏。

> **品鉴**　此盘为长方形，抹角。四边篾片编制，虚实有致。盘内髹黑漆，在光亮漆地上绘山水亭楼，清远脱俗，颇有自然超逸之意，又使用晚明盛行的"描金"技法，金线细致勾勒山水纹图，再罩以透明漆保护。

镜台

折叠式（拍子式）

[明] 黄花梨折叠式镜台

尺　　寸　　面49厘米×49厘米，支起高60厘米，放平高25.5厘米。
著　　录　　王世襄编著，《明式家具珍赏》，图版162，P240。
文物传承　　王世襄旧藏。现藏于上海博物馆。

品鉴　　折叠式镜台，俗称拍子式，由宋代流行的镜架演变而来。此镜台上层边框内为背板，用于支架铜镜，可以放平，也可支起约为60度的斜面。背板用攒框做成，划为三层八格。中层方格安角牙，做四簇云纹，中心空透，以便系在镜钮上的丝条穿过此处垂到背板之后。下层正中一格安荷叶式托，可上下移动，以适用于各种大小的铜镜。其余六格用相当厚度的装板，雕螭纹，图案饱满精神。镜台最下部两开门，内设抽屉三具。四足内翻马蹄。王世襄认为："此器不仅设计谨严，木工雕刻处处精到，看面用材也经过精选，每块装板均有深色花纹，是明代小型家居精品。"（《明式家具珍赏》）

宝座式

[明中期] 黄花梨宝座式镜台

尺　　寸　面43厘米×28厘米，高52厘米。
著　　录　王世襄编著，《明式家具珍赏》，图版163，P242。
文物传承　王世襄旧藏。现藏于上海博物馆。

品鉴 镜台设四个小抽屉,屉面精雕折技花卉。侧面和背面装板,浮雕兽纹和斜卍字。台座上安后背和扶手并装板,后背透雕两凤,扶手透雕果树,栩栩如生。后背上有搭脑,中间拱两端垂,搭脑与扶手出头均圆雕龙头。扶手内侧安置角牙,雕做伏螭状,铜镜安架在此,突出其中心地位。台面正中原有支架铜镜的装置,已散失。

衣 架

[明] 黄花梨凤纹衣架

尺　　寸　底座 176 厘米 × 47.5 厘米，高 168.5 厘米。
著　　录　王世襄编著，《明式家具珍赏》，图版 166，P247。
文物传承　王世襄旧藏。现藏于上海博物馆。

品鉴　此衣架用两方厚木做墩子，上安立柱，每柱前后用站牙抵夹。两墩之间安装棂格，棂格由纵横直材制成，既使下部连接更牢固，又让其有一定宽度而可摆放鞋物。再上面施横枨，安三块透雕凤纹绦环构成的中牌子。最上的搭脑两端出头，圆雕花叶。横材与立柱相交处，皆雕花挂牙和角牙支托。

嘉木良才 家具篇

101

[明] 黄花梨衣架中牌子残件

尺　　寸　中牌子芯 144.5 厘米 ×29.4 厘米。
著　　录　王世襄编著，《明式家具珍赏》，图版 167，P248。
文物传承　王世襄旧藏。现藏于上海博物馆。

品鉴 此件虽然只是个残件,但王世襄却非常重视。从仅存的残件中,亦可推测完整衣架的基本做法。此件两侧立材上端出头做成莲花柱顶,下端与枨子结合,再与衣架立柱榫卯相交。中牌子芯的斗簇花纹秀美,变化多样。王世襄认为,这种斗簇花纹"不同于明代家具的常见图案,而取材于千百年前的造型艺术,故予人典雅清新之感"。(《明式家具珍赏》)

面盆架

矮面盆架

[明] 黄花梨六足折叠式矮面盆架

尺　　寸　径50厘米，高66.2厘米。
著　　录　王世襄编著，《明式家具珍赏》，图版168，P250。
文物传承　王世襄旧藏。现藏于上海博物馆。

品鉴

盆架腿足用圆材料。望柱"有如栏杆"，"刻仰俯莲纹，刀简而意足"，王世襄以为"绝妙"！两足上下施横枨相连，另外四足用短材安横拐子。横枨中间装圆形木片，横拐子通过穿铆与其相连。这样四足可以折叠。矮面盆架往往可以折叠。

盆架配莲瓣式铜盆，"中心隐起莲塘水禽图，花纹有定窑白瓷意趣"。盆边款识"匠人杨世福造"为宋体阳文，王世襄据此推测此盆为宋辽金时期物件。

高面盆架

[明] 黄花梨雕花高面盆架

尺　　寸　径60厘米，高176厘米。
著　　录　王世襄编著，《明式家具珍赏》，图版170，P255。
文物传承　王世襄旧藏。现藏于上海博物馆。

品鉴　此盆架六足，不可折叠。雕饰极为繁复。搭脑出跳圆雕龙头，下装壸门式券口。挂牙镂雕草龙，中牌子芯透雕麒麟送子图，缀以树木、山石、芭蕉等元素。王世襄认为其花纹"喧炽，但未免稍嫌甜俗。它很可能是当年嫁女之家向坊肆定制的"。(《明式家具珍赏》)

滚 凳

[明] 黄花梨滚凳

尺　　寸　面 77 厘米 ×31.2 厘米，高 21 厘米。
著　　录　王世襄编著，《明式家具珍赏》，图版 172，P257。
文物传承　王世襄旧藏。现藏于上海博物馆。

品鉴

此滚凳形似炕桌而较之矮小，有束腰，内翻马蹄。面板中间加枨，将其分为左、右两个部分，各挖长条空当，装两格中粗端细的活轴。据王世襄考证，此凳与《鲁班经匠家镜》的插图十分相似。

滚凳与脚踏不同，它与床具配套，而是放在桌下椅前使用，是一种医疗用具，坐在座椅上，两脚揣活轴，有利于血液循环。

甘蔗床

[清] 红木甘蔗床

尺　　寸　面29厘米×11厘米，高27厘米。
著　　录　王世襄编著，《明式家具珍赏》，图版173，P258。
文物传承　王世襄旧藏。现藏于上海博物馆。

> **品鉴**　甘蔗床用以榨取甘蔗汁，多流行于南方。此床形似板凳，四足中两足略低，使面板朝一端倾斜。面板上开圆槽与流口相通，以便榨好的甘蔗汁顺槽流入容器中。面板矮端植立柱两根，中施横枨两根。面板上安一个如拍子的榨板，榨板尽端插入立柱的横枨下，以用杠杆原理榨汁。王世襄认为"此床的制作年代可能已晚到清中期，但其造型及柱顶装饰等尚保留明式家具的特点"。（《明式家具珍赏》）

微型家具

小 凳

[明] 柞木枕凳

尺　　寸　面 20.8 厘米 ×7.5 厘米，高 9.8 厘米。
著　　录　王世襄编著，《明式家具珍赏》，图版 174，P259。
文物传承　王世襄旧藏。现藏于上海博物馆。

> **品鉴**　枕凳造型质朴，形制如板凳而尺寸小。面板微凹，可用于枕头，或中医请患者将手腕搭在凳上按听脉象。

[清早期] 杵榆夹头榫小凳

尺　　寸　面 17 厘米 × 10.7 厘米，高 15.2 厘米。

参　　阅　《锦灰集珍——王世襄先生旧藏：王世襄先生藏工艺品》，Lot：3035。

文物传承　王世襄旧藏。

品鉴　　小凳杵榆木质。杵榆非榆木，为名贵木材，有"南檀北杵"之说。通体光素。凳面下缘、腿足边沿起线饱满。牙条边缘的曲线为罗锅枨形状，牙条与小凳尺寸形成鲜明对比，使小凳造型更显得拙朴可爱。侧面腿足间各施两横枨，结构上吸取了大木梁架的建筑造法。

小 桌

[明末清初] 黄花梨有束腰马蹄腿小翘头桌

尺　　寸　面 53.5 厘米 ×22.5 厘米，高 14 厘米。

参　　阅　《锦灰集珍——王世襄先生旧藏：王世襄先生藏工艺品》，Lot：3044。

文物传承　王世襄旧藏。

品鉴　此桌黄花梨质，有束腰。腿足上端用圆转角与边、抹相交，下端内翻马蹄。全桌线条硬朗，又不失弯弧优雅，通体光素无雕饰，木材纹理美突出，更显沉静古意。桌面攒框装板，两端安有小翘头。

小 案

[明] 榆木小翘头案

尺　　寸　面 110 厘米 ×39 厘米，高 84 厘米。

著　　录　王世襄著，《自珍集》，图 8.10，P202。

参　　阅　《俪松居长物——王世襄、袁荃猷珍藏中国艺术品》，Lot：1144。

文物传承　王世襄购自马可乐处。

品鉴　此案独板面，插肩榫结构。面板两端安有翘头，小而立。壸门牙条起边线，与云纹牙头相连。腿足起阳线，中部雕卷叶，足端浮雕云头。王世襄认为此案"形制线脚，不仅为标准明式，卓然挺秀，甚至比一般黄花梨小案更具神采"，但"其质材与紫檀、黄花梨无法比拟"。(《自珍集》)

[清] 紫檀小翘头案

尺　　寸　面 19.6 厘米 ×4.8 厘米，高 9.5 厘米。
著　　录　王世襄编著，《明式家具珍赏》，图版 175，P260。
文物传承　王世襄旧藏。现藏于上海博物馆。

品鉴　此案夹头榫，素牙头，香炉腿，面板两端安有翘头。形制与翘头无异，而小巧可爱。此案可做供案用，亦可做书斋案头陈设之用。

[清中期] 核桃木夹头榫云头牙板带屉小案

尺　　寸　面 55 厘米 × 20.5 厘米，高 20 厘米。
参　　阅　《锦灰集珍——王世襄先生旧藏：王世襄先生藏工艺品》，Lot：3037。
文物传承　王世襄旧藏。

> **品鉴**　此案可用作佛案，形态质朴。案上置佛像。案面下侧面各暗藏一具抽屉，可放佛香。案面与腿足以插肩榫相接，出明榫。牙板边缘压线，牙头镂出卷云纹。侧面腿足上端各施一根横枨，使此案坚固而不占用案底空间。腿足起两炷香线，侧脚显著。

小 柜

[明晚期] 铁质錾花人物小方角柜

尺　　寸　　面27厘米×16厘米，高39厘米。

参　　阅　　《锦灰集珍——王世襄先生旧藏：王世襄先生藏工艺品》，Lot：3038。

文物传承　　王世襄旧藏。

品鉴　　此柜铁质，采用"一封书式"设计，四面平，简洁大方。内刻"万历□年御造"。柜门对开，各悬吊牌一个，无闩杆、面叶。门上皆绘有人物，配有题字。各部件以铁钉相接，但做出了攒框镶板、格角榫的意味。

小 几

[清早期] 黑漆小几

尺　　寸　面 50.5 厘米 ×30.5 厘米，高 12.5 厘米。
著　　录　王世襄著，《自珍集》，图版 8.6，P200。
参　　阅　《俪松居长物——王世襄、袁荃猷珍藏中国艺术品》，Lot：1142。
文物传承　王世襄旧藏。

品鉴　　此几表面黑漆无纹，紫漆里。"通身有断纹，几面蛇腹间流水。"高束腰，正面开二长圆鱼门洞，侧面开一。牙子挖壶门式轮廓，沿边起灯草线。鼓腿彭牙，向内兜转。王世襄认为此几"造型优雅而古趣"，因未加纹饰更显可贵。

[清早期] 黄花梨小几

尺　　寸　面 40.5 厘米 ×21.5 厘米，高 10.5 厘米。

著　　录　王世襄著，《自珍集》，图版 8.7，P201。

参　　阅　《锦灰集珍——王世襄先生旧藏：王世襄先生藏工艺品》，Lot：3046。

文物传承　王世襄旧藏。

品鉴

此几几面周边起窄小拦水线，四角有小委角。有束腰，几面边框做成冰盘沿线脚。牙条与束腰一木连做，腿足下端向内兜转，与底枨相接，在四面均形成大长圆空间。空间周边起阳线。"底枨妙在高离地面分许，也有助呈现空间的完整性。"（《自珍集》）拦水线常用于酒桌，这样洒酒不致衣襟滴脏。此小几设拦水线，或因炕上使用之故。

[清早期] 黄花梨有束腰案上几

尺　　寸　面 23 厘米 × 15 厘米，高 6.7 厘米。

参　　阅　《玩物适情——名家收藏集珍》，Lot：4628。

文物传承　王世襄旧藏。

品鉴

此桌以黄花梨为材制成，桌面四周起窄小拦水线，四角有小委角。此桌有束腰，几面边框做成冰盘沿线脚。腿足下端向内兜转，与底枨相接，四面各形成一个大长圆空间。沿此空间起阳线，等于用重笔将空间勾勒出来，十分醒目。底枨妙在高离地面分许，也有助呈现空间的完整性。整器端庄典雅，器型虽小，却大气质朴。

[清中期] 紫檀台座式小几

尺　　寸　面 35.5 厘米 × 17.5 厘米，高 11.2 厘米。
著　　录　王世襄著，《自珍集》，图版 8.8，P201。
参　　阅　《俪松居长物——王世襄、袁荃猷珍藏中国艺术品》，Lot：1132。
文物传承　20 世纪 50 年代后期，王世襄购自北京琉璃厂某古玩店。

品鉴　此几面心用瘿木制，边框用紫檀，沿边框起阳线。四面装板，板上开长圆形的透光，沿透光亦起阳线，恰与边框阳线相应。王世襄认为此几"造型方正，手法细致，具有雍乾两朝精致而简练一类紫檀家具之风格"。（《自珍集》）

[清中期] 桦木竹鞭形高低几

尺　　寸　面 45 厘米 ×28 厘米，高 12 厘米。
著　　录　王世襄著，《自珍集》，图版 8.9，P202。
参　　阅　《俪松居长物——王世襄、袁荃猷珍藏中国艺术品》，Lot：1133。
文物传承　王世襄旧藏。

品鉴　此几形制奇特有趣。用桦木一截制成，以其畸生树本，随形造器，而非用大材裁切。王世襄评价其精巧时说："更生奇想，略施刀凿，雕成竹鞭模样，似曾穿行地面，遇石受阻而隆起如桥。刻画鞭节笋苗，亦惟妙惟肖。"此几可置于案头，陈设铜炉、菖蒲盆之用。

小 座

[清早期] 花梨木四平式展腿小座

尺　　寸　　面 19.7 厘米 ×19.7 厘米，高 9 厘米。

参　　阅　　《锦灰集珍——王世襄先生旧藏：王世襄先生藏工艺品》，
　　　　　　Lot：3036。

文物传承　　王世襄旧藏。

品鉴　此座以精选花梨木质，端正拙朴。面板起拦水线。展腿式腿足颇有心意。腿足间施罗锅枨，足端外翻近似圆球状马蹄。

[清中期] 紫檀六足座

尺　　寸　面 49 厘米 ×35.5 厘米，高 17 厘米。

参　　阅　《锦灰集珍——王世襄先生旧藏：王世襄先生藏工艺品》，Lot：3034。

文物传承　王世襄旧藏。

品鉴　此座紫檀质，通体光素，圆婉流畅。面板三拼，其上原有镶嵌物，已散失。有束腰，牙板壸门式，雕如意卷云纹。三弯腿外翻卷球足，下承椭圆形托泥，托泥下有小足四个。

巧器清音

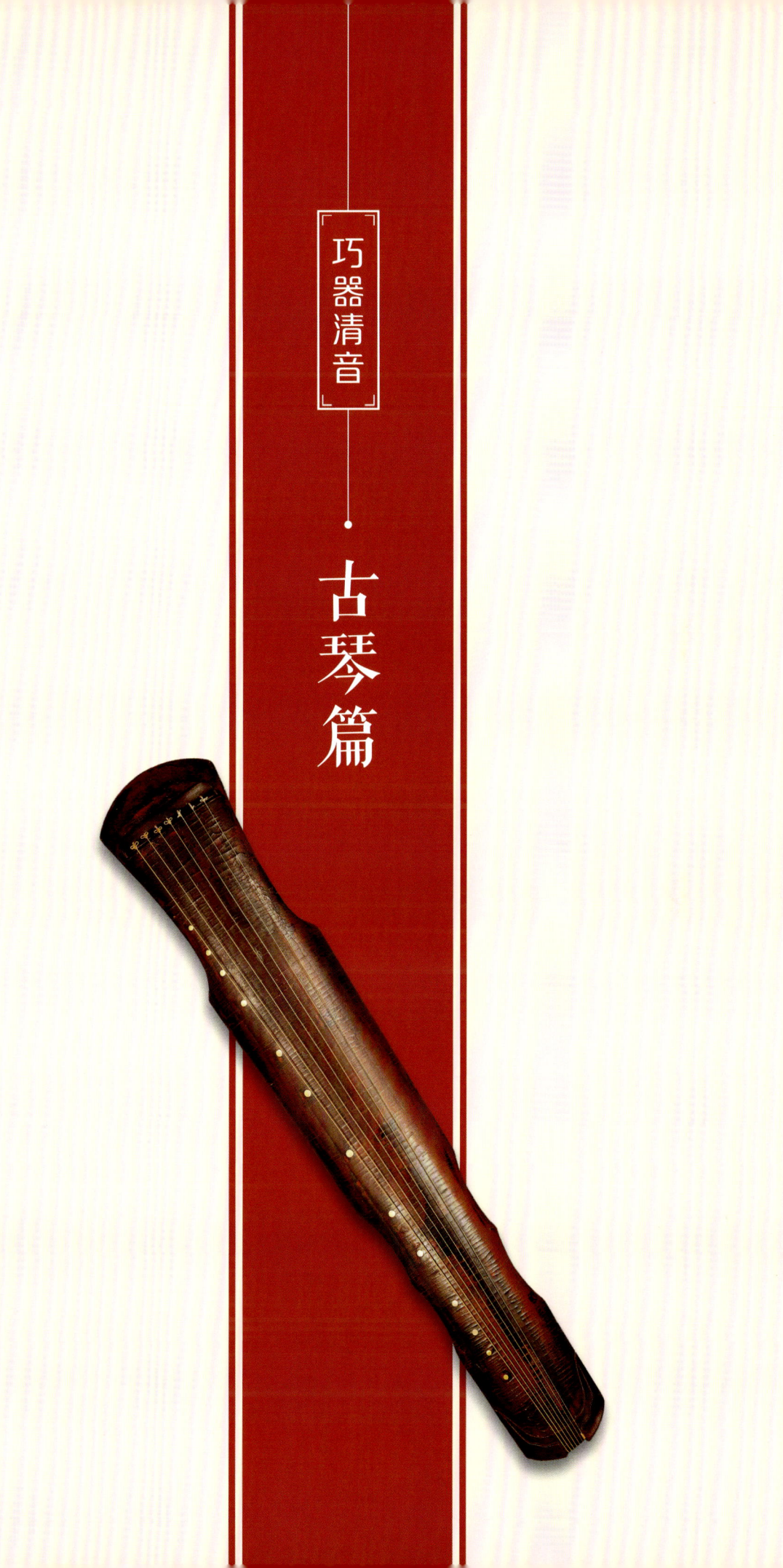

古琴篇

王世襄与古琴

1948年6月1日，肩负着参观考察和学习国外先进博物馆经验重任的王世襄登上了美国"威尔逊"号轮船，随他一起跨越重洋的，还有一张由元朝朱致远所制之"金声玉振"仲尼式七弦琴。

王世襄不一定是第一位把古琴带到美国的人，但他的这次"携琴之旅"确实产生了很大影响。当王世襄在大洋彼岸奏响《良宵引》与《平沙落雁》这两首令古今无数雅士为之倾倒的名曲时，金发碧眼的外国听众也随之沉浸其中，不能自拔。

这一年，王世襄不仅让中国古典的琴音妙乐流淌在北美大陆，更引出了一曲"大圣遗音"。

"大圣遗音"伏羲式古琴原为锡宝臣所藏，锡宝臣欲将此琴留给自己的孙子、当年在西单商场摆设书肆的章泽川。王世襄对此早有了解，只是这时从未妄想日后能够获此鸿宝。

1946年春，在汪孟舒的引荐下，王世襄从章泽川手中求得一张明代"金声"蕉叶式古琴。此后，王世襄逐渐萌生求取"大圣遗音"伏羲式古琴的想法。这个念头在王世襄心中一藏就是两年。

直到1948年，王世襄再次由汪孟舒牵线说合，找到章泽川。其时，他已经变卖三件饰物和日本版《唐宋元明名画大观》换得黄金五两，又加上三枚翠戒，希望以此换得古琴。三枚翠戒之中，有一枚最佳，是王世襄之母金章的遗物，"实不知其值几许。当时以为唐琴无价，奉报又安能计值，但求尽力而已"。(《自珍集》)

由于王世襄的夫人袁荃猷师从汪孟舒学琴，而汪孟舒又是锡宝臣多年的琴友，因此章泽川慨然同意，完全没有计算王世襄的开价是否合适。

所谓"鬻书典钗，易此枯桐"，至此，王世襄终于得偿所愿。

据王世襄研究，现在存世的"大圣遗音"唐琴有两张。一张是神农式古琴，是当年他在故宫养心殿南库门后废弃杂物堆中挑拣出来的，如今仍然珍藏在北京故宫博物院；还有一张，就是这张伏羲式古琴。

2003年11月，"大圣遗音"伏羲式古琴进行拍卖。起拍时，底价本来是250万元人民币，当时一位买家竟没有按竞价阶梯规则递进举牌，直接叫价高达600万元人民币，随后经过十五回合的激烈竞拍，最终以891万元人民币——当时中国古琴全球拍卖的最高价，收入30号买家的囊中。

也正是在2003年11月，中国古琴被联合国教科文组织列入"人类口头与非物质文化遗产"的名录。

然而，这张稀世唐琴所创竞拍新高仅仅保持了不到10年，到2011年，又以1.15亿元人民币的天价再次刷新了竞拍纪录。

而宋代"梅梢月"宣和式琴与王世襄的缘分，就更神奇了：

"梅梢月"乃黄勉之先生遗琴，后为溥西园贝子侗所得，辗转归张荫农先生。先生得黄门之传，以一曲七十二滚沸流水享誉京师。哲嗣万里兄工写意花卉，笔法近陈白阳，亦喜藏画。数次往访，见琴悬画室，无弦久矣，曾萌求让之念而未敢启齿。一日告我宝古斋有谢时臣山水长卷，精极，惜居奇而议值难谐。予径往购之，当时实未知是

否许以卷相易也。万里兄旋谂吾意，竟携琴枉驾相赠。不惜琼瑶，易我木桃。高谊隆情，永矢不忘。(《自珍集》)

王世襄不仅藏琴，还将明代黄花梨桌案，改造为琴案，以供袁荃猷向著名古琴家管平湖学琴之用，于是这琴案也成了名物。1947年10月，在京琴人到王世襄所住的芳嘉园参加"小集"，参加这次"小集"的有管平湖、杨葆元、汪孟舒、溥雪斋、关仲航、张伯驹、潘素、张厚璜、沈幼、郑珉中、王迪、白祥华等二十余人，可谓盛事。此后，吴景略、查阜西、詹澄秋、凌其阵、杨新伦、吴文光等琴家也曾拜访，并用琴案弹奏。而传世名琴曾陈案上者更多，仅唐斫的就有汪孟舒的"春雷""枯木龙吟"，程子荣的"飞泉"，王世襄自藏的"大圣遗音"及历下詹氏所藏等不下五六张，宋元名琴更数不胜数。

王世襄爱琴，更懂琴。他与著名古琴家管平湖交往深厚；他曾一度在中央音乐学院民族音乐研究所为学八年，编著出版了《中国古代音乐史参考图片》；甚至他的夫人袁荃猷也是音乐史的行家里手，同样精通琴艺。

我们甚至可以想象，王世襄与袁荃猷夫妻二人琴瑟和鸣的情景："在一个天高云淡、月朗星稀的夜晚，王世襄与妻子袁荃猷在古老而清静幽雅的芳嘉园四合院里，彼此对坐在那张自制的黄花梨琴案前，在檀香袅袅中以'大圣遗音'伏羲式古琴，共抚一曲《潇湘水云》或《水仙操》之情景，那简直就是让神仙也要羡慕十分的眷侣生活。"(窦忠如《奇士王世襄》)

一、唐 琴

[唐]"大圣遗音"伏羲式琴

尺　　寸　长 120.5 厘米，额宽 20 厘米，肩宽 20.5 厘米，尾宽 15 厘米。

著　　录　王世襄著，《中国古代漆器》，图版 34。

王世襄著，《自珍集》，图版 1.1，P2。

梁白泉主编，《国宝大观》，P415。

参　　阅　《俪松居长物——王世襄、袁荃猷珍藏中国艺术品》，Lot：1223。

《俪松最珍——唐琴"大圣遗音"》，Lot：3570。

文物传承　锡宝臣旧藏。1948 年，王世襄经汪孟舒牵线，访锡宝臣之孙章泽川易得。

品鉴

在王世襄收藏的所有文物中，最著名者当数此琴。琴为伏羲式，桐木胎，鹿角沙漆灰，色紫如栗壳，金徽玉轸，圆形龙池，扁圆形凤沼。七徽以下弦露黑色，遍体蛇腹断纹，中间细断纹，额有冰纹断。圆池上刻草书体"大圣遗音"四字，池内纳音左右上下四隅分刻隶书"至德丙申"四字年款。池两侧刻隶书"峄阳之桐，空桑之材，凤鸣秋月，鹤舞瑶台"十六字，池下有"困学""玉振"两方印。以上除年款外皆髹金。青玉轸足，细镂绦结及旋瓣花纹，为明所制。

至德丙申为唐肃宗至德元载（756 年），是年安禄山叛军攻入长安，唐明皇奔入西蜀，太子李亨继位（即肃宗）。此琴熬过战火，流传至今已一千二百六十年许，殊为不易。然而足孔四周漆多剥落，木质亦接近朽蚀。古琴大家管平湖、青铜器修复专家高英等多所修复，王世襄老友金禹民镌刻八分书题记"世襄、荃猷，鬻书典钗，易此枯桐"十二字。

此琴原为北京著名琴家锡宝臣珍有。1948 年，王世襄、袁荃猷"鬻书典钗，易此枯桐"，即以饰物三件及日本版《唐宋元明名画大观》换得黄金约五两，再加翠戒三枚（其中最佳的一枚，为王世襄先生母亲遗物），经著名琴家汪孟舒牵线，从锡宝臣之孙章泽川手中求得，视同拱璧，除特殊时期被抄家之外，不曾须臾分离。

巧器清音 /古琴篇/

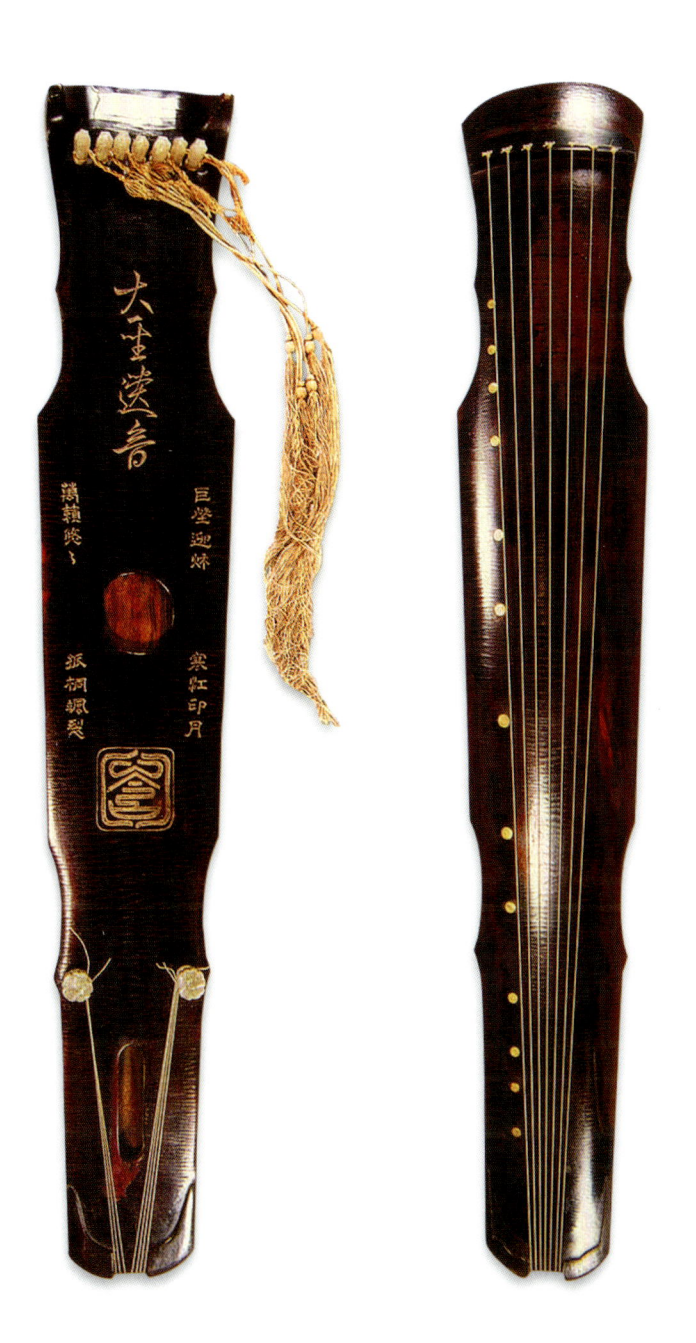

王世襄珍藏文物精粹

130

大雅遺音

鳳嗅煉月

嶧陽之桐

觀舞瑤堂

空桑之材

巧器清音 /古琴篇/

131

二、宋　琴

[宋]"梅梢月"宣和式琴

尺　　寸　长 128 厘米，额宽 20.5 厘米，肩宽 21 厘米，尾宽 15 厘米。
著　　录　王世襄著，《自珍集》，图版 1.2，P4。
参　　阅　《俪松居长物——王世襄、袁荃猷珍藏中国艺术品》，Lot：1224。
文物传承　黄勉之遗琴，后由溥侗（清宗室西园贝子）、张荫农所藏，王世襄以高价从宝古斋购得的明代谢时臣山水长卷从张荫农之孙张万里处易得。

品鉴

琴项、琴腰处均两凹夹一凸，额侧浅凹，轮廓柔和委婉。琴谱未见有此琴制式，郑珉中认为同宋琴"松石间"意相近似，只是"松石间"是圆头，而此琴为方额。杨时伯定琴名为宣和式。

此琴较一般古琴宽长，奇重，通体黑漆，蛇腹断纹。琴池上刻琴名"梅梢月"，池下刻阴文"青天碧海"、阳文"月佩风环"方印，均填金罩漆。白玉轸足。此琴一度被抄走，归还时足尚在而轸已失。

原为著名古琴家黄勉之遗琴，管平湖亦尤喜弹之。

[宋] 朱晦翁藏仲尼式琴

尺　　寸　长 122.5 厘米，额宽 18.8 厘米，肩宽 19.2 厘米，尾宽 14.6 厘米。
著　　录　王世襄著，《自珍集》，图版 1.3，P5。
参　　阅　《俪松居长物——王世襄、袁荃猷珍藏中国艺术品》，Lot：1226。
　　　　　　《七弦遗韵》，Lot：1183。
文物传承　1947 年，王世襄购自北京地安门外万宝兴古玩店。

品鉴　此琴原为南宋著名思想家朱熹所藏，仲尼式，形制规整，通体黑漆，琴面蛇腹断纹甚是精美。底面重修，未见断纹，唯尾部二寸处有补漆灰痕迹而断纹尽在，王世襄认为"殆重修者有意不全漆没，证明琴底并未更换"。

琴池内右侧刻字一行，刀痕极浅，又曾涂漆，所以较难辨认，但"朱晦翁藏"等字尚隐约可见，左侧深刻"古吴王昆玉重修"七字。"晦翁"即朱熹晚年的号，王昆玉则为明代著名斫琴高手。据王世襄在《自珍集》中记录，郑珉中对此琴十分重视，曾仔细观察，多次试弹，认为琴音深沉浑厚，苍劲古韵。

巧器清音 /古琴篇/

135

[宋]"高山流水"仲尼式琴

尺　　寸　长122.5厘米，额宽19.8厘米，肩宽20厘米，尾宽16厘米。
著　　录　王世襄著，《自珍集》，图版1.4，P6。
参　　阅　《俪松居长物——王世襄、袁荃猷珍藏中国艺术品》，Lot：1225。
文物传承　1947年，王世襄经安溪亭介绍，购自北京秦老胡同曾家。

品鉴　琴为仲尼式，形制古朴。通体黑漆朱髹，蛇腹断间以流水断，纵横两向均有断纹，故研磨后会出现朱漆圆斑，如鱼背生鳞，甚为绚丽有趣。琴池上刻草书"高山流水"四字，古意盎然。据王世襄说，琴音本"松透深厚，静而不嚣"，可惜琴在特殊时期受损，后经琴学大师吴景略修复，"元音如初"。（《自珍集》）

巧器清音 /古琴篇/

[南宋] 联珠式琴

尺　　寸　长 122.5 厘米，额宽 17.5 厘米，肩宽 19.4 厘米，尾宽 13.6 厘米。

著　　录　王世襄著，《自珍集》，图版 1.5，P7。

文物传承　1948 年，王世襄购自北京隆福寺文奎堂旧书店。

品鉴　琴颇宽，面稍扁。通体黑色，断纹甚美，蛇腹间以流水断。池沼皆圆。木质亦古。只是额底板损二寸许，徽亦脱落殆尽。据王世襄所记，此琴最初琴音虽有妙音，但"声韵松长，不同凡响"。后因修补琴身，导致琴音顿失。此琴后来一直闲置到1954年夏，琴音居然恢复近半。1999年，王世襄"再为配轸张弦，散、泛、实音，均已恢复如初，为之狂喜"。(《自珍集》)

三、元 琴

[元] 朱致远斫"金声玉振"仲尼式琴

尺　　寸　长126厘米，额宽18厘米，肩宽20厘米，尾宽14.5厘米。
著　　录　王世襄著，《自珍集》，图版1.6，P8。
文物传承　关仲航旧藏。1946年，王世襄自其处购得。

品鉴　此琴雄宏灵透。桐材质，黑漆，蛇腹断纹，"七、八徽间露鹿角霜屑，灿若繁星"。池内面板右侧刻"赤城朱致远制"六字，池下刻阴文"琴隐园"大方印，沼上刻"延陵汤氏宝藏"楷书六字，额上刻"汤贞愍公遗琴，同治庚午重九前四日濑江宋晋拜题"。汤贞愍公即名画家汤名贻汾，有《琴隐园诗集》。宋晋为清道光进士，官至户部左侍郎，有《水流云在馆诗钞》。1948年，王世襄赴美国、加拿大参观博物馆时，曾携此琴同游。

[元]"松雪道人识"仲尼式古琴

尺　　寸　长 121.5 厘米，肩宽 18 厘米，尾宽 13.3 厘米。
著　　录　许健主编，《中国古琴民间典藏》，第 151、152 页。
参　　阅　《中国嘉德 2017 春季拍卖会》，Lot：4904。
文物传承　王世襄 1978 年赠予其外甥女崔君芝，后归梁基永"松庐"藏。

巧器清音 /古琴篇/

141

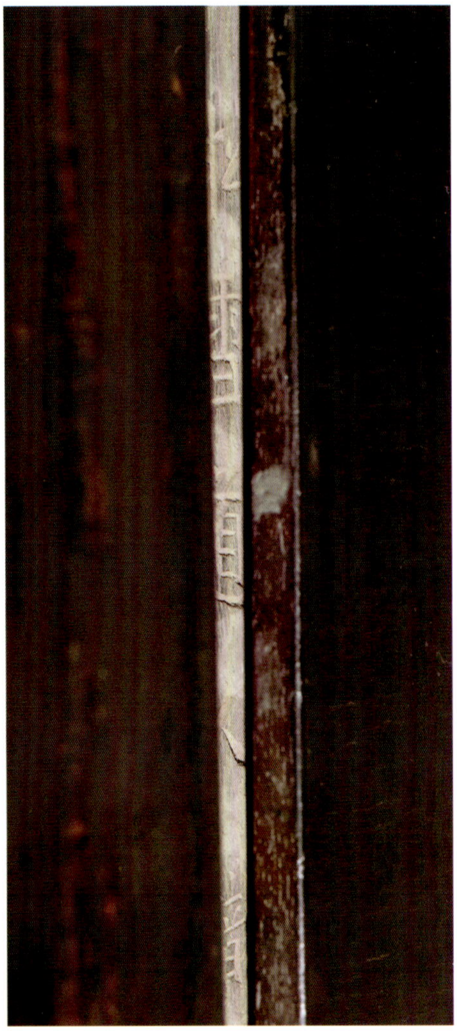

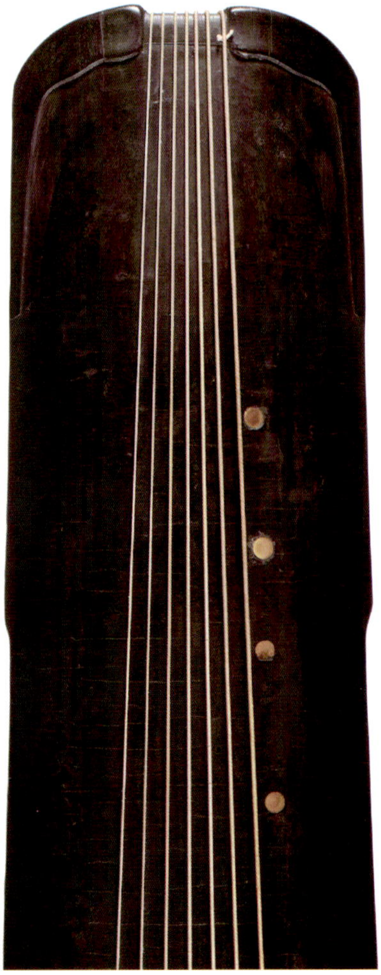

郑珉中曰："王畅安先生外甥女崔君芝女士携其舅当年所赠之琴与观。琴为仲尼式，桐木制，小蛇腹断纹，髹黑漆色古旧。龙池内有浅刻填墨腹款'松雪道人识'五字。元代赵孟頫号松雪道人，鉴者考之。赵孟頫之遗琴也。"

这张仲尼式琴保存状态良好，虽经历过修复却未经破腹。琴体侧面断纹完整、上下连贯统一，由此可以确信其腹款内容当与琴面为同一时期。从漆面的蛇腹断看来，断纹有凸起的剑锋，是因胎体胀缩所致，而蛇腹断之间的流水断与牛毛断则必须由时光去塑造。琴头、琴肩至琴尾的比例关系匀称秀美，有宋元气息。赵孟頫在龙池内落下自己的名号，说明他曾参与了这张琴的斫制，这张琴也必然会留下他对于器物造型审美以及对古琴音色的特殊要求。

[元末明初] 凤嗉式琴

尺　　寸　　长 121 厘米，额宽 19.5 厘米，肩宽 20 厘米，尾宽 14 厘米。
著　　录　　王世襄著，《自珍集》，图版 1.8，P11。
参　　阅　　《俪松居长物——王世襄、袁荃猷珍藏中国艺术品》，Lot：1227。
　　　　　　《十五周年庆典拍卖会：古董珍玩》，Lot：3519。
　　　　　　《佞宋——宋元巷陌间的"色·声·香·味·触"》，Lot：5154。
　　　　　　《玩物适情——名家收藏集珍》，Lot：4643。
文物传承　　溥侗旧藏，后为白云观道士安世霖所藏。后安世霖因道士内讧被
　　　　　　焚致死，琴辗转归关仲航。1947 年，关仲航赠予王世襄。

品鉴　　此琴由伏羲式演变而来，被郑珉中称为"凤嗉式"。琴身通体黑漆，琴面高而圆，池沼亦皆圆形。池上下有朱漆斑。漆质坚实，流水断细腻生动。据王世襄介绍，管平湖曾认为此琴年代应在元末明初之际。1947 年，关仲航将此琴赠予王世襄，并说"不妨以之媵'金声玉振'也"。(《自珍集》)

巧器清音 /古琴篇/

四、明 琴

[明]"金声"蕉叶式琴

尺　　寸　长 124.5 厘米，额宽 19 厘米，肩宽 19 厘米，尾宽 15 厘米。
著　　录　王世襄著，《自珍集》，图版 1.7，P10。
文物传承　锡宝臣旧藏。1946 年春，王世襄经汪孟舒牵线，访锡宝臣之孙章泽川易得。

> **品鉴**
>
> 　　此琴造型秀俊不纤巧，琴面隆起，通体黑色，唯一二三弦下、一二徽前后及额端有朱漆斑，若明霞般绚丽。小蛇腹间流水断，流畅自然，似欲浮动。额及池上有梅花断。池上刻隶书"金声"两字，填金罩漆；池下阳文篆书"大雅堂"方印。有人据此认为这是赵子昂的遗琴，但王世襄认为"惟无旁证，未敢遽信"。牙轸玉足完好，金徽已被剜去。
>
> 　　管平湖曾称"平生所见蕉叶琴，此为第一"。王世襄则说此琴"时代早，形制美，断纹古，音韵佳，堪称四绝。不仅为蕉叶所绝无，他式明琴千百亦难逢一二"。

巧器清音

/ 古琴篇 /

[明]"清梵"仲尼式顾太清遗琴

尺　　寸　长 116 厘米，额宽 16.5 厘米，肩宽 19 厘米，尾宽 13 厘米。

著　　录　王世襄著，《自珍集》，图版 1.9，P12。

参　　阅　《俪松居长物——王世襄、袁荃猷珍藏中国艺术品》，Lot：1228。

文物传承　王世襄旧藏。

品鉴

琴为仲尼式，形制秀巧，黑色，正面大蛇腹纹，背面斜行蛇腹纹，这大概是因为琴底取材不正。

此琴铭刻甚多。池内两侧分别刻楷书"天启元年春""钱塘郑方斫"一行，池上刻篆书"清梵"两字，池下刻"乾坤清气"圆印、"集庆贻珍"方印，这些均填漆金。

池右另刻印三方，虽用漆灰填平，但印文仍然可辨，自上而下为："用志不分，乃凝于神"，"天游阁"阳文印，"泰清"阴文印。王世襄据后二印断定，此为清代第一女词人顾太清遗琴。

池左刻铭文两行，款识一行，均隶书"勿贵知音，勿尚识趣。悟到忘音，乃通音具，宇情者谁，千古一遇。丘野求为庶先开士题"。下刻"野求""叔真"两印。字口尚未填漆髹金，时间当在顾太清之后。

巧器清音 / 古琴篇 /

神工鬼斧

竹刻篇

王世襄与竹刻

中国是世界上最早也是最善于用竹的国家之一，竹刻艺术的历史源远流长。王世襄的二舅金绍堂（金东溪）、四舅金绍坊（金西厓）都是著名的竹刻艺术家，尤其是金绍坊，更有"中国近代刻竹第一家"之称。因而，王世襄与竹刻结下了不解之缘。

20世纪50年代初的一个夏天，王世襄到上海看望年近古稀的四舅金绍坊时，建议他将自己在竹刻艺术方面的精辟见解，编撰成一部专著。金绍坊随即在这个夏日，把以往随手写下的札记初步整理，寄交给王世襄，嘱其代为编次校订出版。

然而，由于当时的特殊环境，这部原名为《刻竹小言》的新中国第一部关于竹刻艺术的研究图录，直到1980年4月才以《竹刻艺术》为名在人民美术出版社出版，而此时金绍坊已仙逝八个月了。

自从编校《刻竹小言》开始，王世襄对于竹刻艺术的浓厚兴趣便一发不可收拾，其研究和著述多年不辍，他也由此成为在竹刻艺术鉴赏和理论研究方面卓有成就的专家。

王世襄与许多竹刻艺术家都有交往。比如徐素白、徐秉方父子，王世襄与他们交往深厚，甚为推崇他们擅长的留青法；而对白士风、王新明、刘万祺、周汉生等人在传统技艺基础上的创新，王世襄亦极为赞赏。

特别是周汉生，他与王世襄从未见面，只有书信往来，却有一件非常值得一提的竹刻作品。周汉生曾参照《中国古代漆器》一书环衬上的王世襄小像，采用高浮雕的刀法将其刻于竹简之端，其刻画之传神，不禁令王世襄惊呼："绝妙！绝妙！"

与王世襄交往甚密的不仅有著名的竹刻艺术家，甚至还有自学成才的普通人，而王世襄不论其身份地位，提掖后学，足显其大家风范。

20世纪80年代初，常州有一位普通的中年农民范尧卿，酷爱竹刻。他得知香港著名收藏家叶义编印了两巨册《中国竹刻艺术》，非常渴望能获得一套以供自己参研学习。于是，他辗转托人给叶义送去一件自刻的仕女臂搁以求书。没想到，叶义收到臂搁后，十分激动，当即回赠了《中国竹刻艺术》两册，还兴奋地写信告诉了王世襄，王世襄遂与范尧卿通信，三人就此订交，成为竹刻艺术上相互交流切磋的忘年之交。

王世襄对范尧卿的竹刻技艺极为赞赏，将其名列在南宋竹刻家詹成之上，即便与明代竹刻大家朱三松相比也"实无愧色"。后来范尧卿又得到了启功、黄苗子的垂青，凭着自己高超的竹刻技艺，甚至取得了一定的国际声望。

王世襄曾借用韩愈的一句诗"草色遥看近却无"，连成绝句寄给范尧卿："妙手轻镌到竹肤，西瀛珍重等隋珠。赠君好摘昌黎句，草色遥看近却无！"诗后有一段诗记："范君尧卿，毗陵农家子，自称草民，而刻竹精绝，当在南宋詹成上。顷已蜚声海外，第吴中鲜有知者，可谓'草色遥看近却无'矣！设以'遥青'为字，讵不音义两谐？戏作小诗，以博一粲。甲子春日，畅安王世襄书于芳嘉园。"此后不久，范尧卿果真以"遥青"为字，并时常在自己的竹刻作品上署此款识。

1999年7月，王世襄突然收到一封署名"朱小华"的来信。信中，朱小华称自己是河北省雄县张岗乡张二村的一名普通农民，自学竹刻七年，因读过王世襄关于竹刻的著作，故想与他结识请教。

说来也是有缘，这封信的收信地址并不是王世襄曾经居住过的任何地方，而且是两年前寄出的，竟然没有丢失。王世襄当即复信，邀请朱小华到京叙谈。

不久，朱小华应邀来访。王世襄发现，朱小华从《刻竹小言》一书中辨识出方掣刀法，并将"陷地浅刻"运用到自己的作品中。这令王世襄对其刮目相看。

自从结识王世襄，朱小华在一年内赴京请教竟达四五次之多。在王世襄的指点下，他的竹刻技法大有长进，润格随之而升，如他的一件吕洞宾臂搁曾在嘉德拍卖会上拍出了3.3万元人民币。

多年来，王世襄一直为振兴和弘扬中国竹刻艺术孜孜以求地努力着。1983年3月，王世襄利用在美国举办中国竹刻展览的机会，与侨居在美国的翁万戈合作编撰英文版《中国竹刻图录》；1985年7月，王世襄精选了自西汉至当代55件竹刻精品，以美术史家的角度对其进行了独到鉴赏和评述，编撰成《竹刻》，终在1992年6月出版；1987年12月，王世襄与朱家溍合作编撰了《中国美术全集·竹木牙角器》，这被认为是竹刻艺术纳入美术体系后第一次全面而深入的图文展示。

王世襄更不顾年逾古稀多次前往英、美及中国港台等地，进行以中国竹刻艺术为题的演讲。

这种献身中国传统文化的拼搏精神，怎能不让人肃然起敬？！

一、竹刻雕像

[明] 朱三松竹根雕老僧

尺　　寸　高 17.8 厘米。

著　　录　王世襄著，《自珍集》，图版 5.2，P116。

参　　阅　《俪松居长物——王世襄、袁荃猷珍藏中国艺术品》，Lot：1210。

文物传承　据传为收藏家、书法家冯恕旧藏。20 世纪 50 年代，王世襄购自北京琉璃厂刘成玉店中。

品鉴　此像以竹根雕成，工艺精湛，构思精巧。老僧席地而坐，额头布满皱纹，足见年事已高，然笑容可掬，神态憨朴。老僧身着素禅衣，双手持袈裟，脚穿草履，根雕底部刻"三松制"阴文款。作品原配木座。

神工鬼斧 /竹刻篇/

[清]竹根雕采药老人

尺　寸　高 13.5 厘米。

著　录　王世襄著，《自珍集》，图版 5.5，P120。

参　阅　《俪松居长物——王世襄、袁荃猷珍藏中国艺术品》，Lot：1211。

文物传承　20 世纪 60 年代，王世襄购自北京东华门宝润成。

神工鬼斧 | 竹刻篇

品鉴　此像所雕，多称为韩康或李时珍。王世襄在《自珍集》中描写此像时写道："人长髯一叟，束绿岸帻，腰围兽皮，身就山石，半倚半踞。左手持芝，右手抚石，旁置篾篮，斜插竹枝桃实，瑶草琼葩。所写殆采药深山，掘摘已多，适逢佳境，驻足小憩之景。像上敛下广，身躯欹仄一侧，就竹根之形势而定其姿态。山石悉用根盘雕出，留其斑节，以状魂礌多穴之貌，此皆善用竹材之证。"此像纹理清晰，雕琢精致。虽然无款，但王世襄称"疑出封氏兄弟（编者注：指封锡禄之外的两兄弟）之手而未署名。其艺术造诣，实可与封锡禄抗衡也"。（《自珍集》）

[清] 竹根雕蛙

尺　　寸　长 7 厘米，高 5.7 厘米。

著　　录　王世襄著，《自珍集》，图版 5.7，P123。

参　　阅　《俪松居长物——王世襄、袁荃猷珍藏中国艺术品》，Lot：1207。

文物传承　20 世纪 50 年代，王世襄购自北京廊房头条古玩店。

品鉴　竹根选材精湛，包浆古拙。竹根雕蛙的形态，多为静态的鼓腹蹲坐。此件雕蛙却反其道而行之，抓住蛙类的动态形态，扭其躯而曳一足，股肌内蓄弹力，引而待发，是"有虫飞坠，匍匐欲前"的形态。这个动作雕刻得惟妙惟肖。蛙背借竹根须瘢而成斑点，王世襄认为这种做法"浓重醒目而未免夸饰"，但也正因如此，"愈见背之嘘翕起伏"，"故其胜终在似而不似"。（《自珍集》）

神工鬼斧 /竹刻篇/

二、竹刻笔筒

[明] 朱小松归去来辞图笔筒

尺　　寸　径 6.3 厘米，高 14.6 厘米。

著　　录　王世襄著，《自珍集》，图版 5.22，P114。

参　　阅　《俪松居长物——王世襄、袁荃猷珍藏中国艺术品》，Lot：1209。

文物传承　20 世纪 50 年代，王世襄购自北京东安市场丹桂商场古玩店。

神工鬼斧 /竹刻篇/

163

品鉴

　　此竹筒形制小巧，包浆亮丽质朴。筒身刻"孤松斜偃，枝干苍古，渊明抚松身，展目远眺，神情闲逸。两坡交处，一童荷酒瓮，插菊花一枝，回顾而行，意欲前导。松右湖石玲珑，露几案一角，陈杯盏数事，案旁置坐墩茗炉"。(《自珍集》) 这些雕刻颇具特色，如面目凹凸的剜剔，衣纹层次的处理，山石光而多穴，松鳞长而非圆，松干节疤显著，松针攒簇成团，足见刻者运刀状物的功力。

　　但在王世襄眼中，真正的"神来之笔"当数一双秋燕，"颉颃上下，出人意想"，"似喻不为五斗米折腰，乃可徜徉天地间，深得诗人比兴之旨"。湖石上题行楷"万历乙亥中秋，小松朱缨制"。

[明] 乐舞图笔筒

尺　　寸　径 12.5 厘米，高 16.6 厘米。

著　　录　王世襄著，《自珍集》，图版 5.3，P118。

参　　阅　《俪松居长物——王世襄、袁荃猷珍藏中国艺术品》，Lot：1212。

文物传承　20 世纪 50 年代初，王世襄购自北京海王村古玩店。

品鉴　筒身刻舞者一人，乐者六人。屏风前，一名舞女正在翩翩起舞；围簇在左右的六名奏乐者，或坐或立，分别演奏着三弦、檀板、簧、堂鼓、铴锣、横笛等乐器。屏风之后，是一曲栏杆，又置双横几案，上面陈设着瓶荷、犀杯、果盘、囊琴等物，旁置兽炉、熏笼。刀法精细，布局精巧。筒有伤。

[1932年] 竹刻漆笔筒

尺　　寸　径 12.5 厘米，高 17.5 厘米。
参　　阅　《2015 年秋季艺术品拍卖会：一间屋》，Lot：0191。
文物传承　王世襄旧藏。

品鉴　　笔筒竹刻，髹漆，有铭文二。一云："皇天平则成四时兮，窃独乐此清秋。澹吾虑以抚景兮，遁歊威于金。祛赫曦之焰焰兮，追凉飔之飕飕。屏羽扇而篋藏兮，御纨素之轻柔。听琅玕之朝坠兮，玩金波之夕流。桂连蜷于山阿兮，兰猗靡于岩陬。既葳蕤其可怀兮，又芬苾以绸缪。嘉华黍与膏稷兮，获万宝于西畴。繄妇子之欢欣兮，固人足而我优。命一觞而高咏兮，奚必吴歈与秦讴。慕漆园之樊鷃兮，畅逍遥以优游。"另一云："行背青山廓，吟当白露秋。风流无屈宋，空训古荆州。十年磨一剑，刀刃未曾试。今日把似君，谁有不平事？太希兄雅属。""太希"指著名书画家刘太希。

[现代]徐素白刻江寒汀画月季草虫笔筒

尺　　寸　径 6.1 厘米，高 11 厘米。
著　　录　王世襄著，《自珍集》，图版 5.13，P128。
参　　阅　《俪松居长物——王世襄、袁荃猷珍藏中国艺术品》，Lot：1204。
文物传承　王世襄旧藏。

品鉴　笔筒形状小巧，上下镶象牙口，典雅雍容。筒身刻月季花，"花如浥露，叶若迎风"。(《自珍集》)蝴蝶、蜻蜓翩跹其上。尤其是蜻蜓的纤翼，给人闪闪发光的感觉。此雕刻虽然层次繁复，但翻转自如。筒身上题有"辛丑春日，寒汀画素白刻"。笔筒集中体现了徐素白先生精湛的竹刻技艺。

神工鬼斧

竹刻篇

167

三、竹刻香筒

[明] 双螭纹透雕香筒

尺　　寸　径 3.4 厘米，高 15.8 厘米。

著　　录　王世襄著，《自珍集》，图版 5.4，P119。

参　　阅　《俪松居长物——王世襄、袁荃猷珍藏中国艺术品》，Lot：1213。

文物传承　20 世纪 50 年代，王世襄购自北京琉璃厂韵古斋。

品鉴　筒身镂雕两螭，张吻吐舌，上下相对，不怒自威。螭身蜿蜒环转，委婉流畅，发鬣雕琢精密，细若游丝。其雕工令人叹为精绝。香筒两端用香草边，铲地阳文平雕。

神工鬼斧 /竹刻篇/

169

四、竹刻扇骨

[清中期] 无款山水人物扇骨

尺　　寸　长 49.7 厘米，最宽 2.7 厘米。
著　　录　王世襄著，《自珍集》，图版 5.6，P122。
参　　阅　《俪松居长物——王世襄、袁荃猷珍藏中国艺术品》，Lot：1208。
文物传承　王世襄旧藏。

品鉴　扇骨刻山水园林，堤岸堆太湖石，上为曲栏平桥，再上为山峦。景物间断处，或作水波，或作云头，如上水写意画。刻法细腻，格调古雅。王世襄以为"勾云颇似丁南羽"。

神工鬼斧 /竹刻篇/

五、竹刻臂搁

［清乾隆］溪堂书水仙诗臂搁

尺　　寸　长 31 厘米。宽 7.5 厘米。

著　　录　王世襄著，《自珍集》，图版 5.8，P123。

参　　阅　《俪松居长物——王世襄、袁荃猷珍藏中国艺术品》，Lot：1214。

文物传承　20 世纪 60 年代，王世襄得自天津宝坻塾师老先生家。

品鉴　臂搁正面阴文深刻行书三行："世以水仙为'金盏玉台，紫宸重器'。刘邦直称其'仙风道骨谁今有，淡扫蛾眉簪一枝'。"并落"溪堂"款。书法潇洒自如，刀法快利，字底圆熟，功力颇深。

[现代] 东溪先生刻陈少梅画梧竹行吟图臂搁

尺　　寸　长21厘米，宽8厘米。
著　　录　王世襄著，《自珍集》，图版5.9，P124。
文物传承　1945年12月，王世襄携夫人袁荃猷拜谒金绍堂时获赠。

品鉴　此臂搁为王世襄二舅金绍堂所刻，构思巧妙。一高士后侧面行吟诗句，全部留青；但内部剔去薄薄一层，刻法有变。右边两棵梧桐以大笔点叶，墨韵犹存。左上刻款"东溪刻，少梅画"。此臂搁画面简捷，风格独具，艺术性很强。

[现代] 白士风刻启元白画竹石图臂搁

尺　　寸　长 24.8 厘米，宽 7.9 厘米。
著　　录　王世襄著，《自珍集》，图版 5.14，P129。
参　　阅　《俪松居长物——王世襄、袁荃猷珍藏中国艺术品》，Lot：1203。
文物传承　王世襄旧藏。

品鉴　竹石图是启功专为王世襄所绘，由白士风运刀雕刻。画中山石层叠，竹干劲挺，竹叶疏朗。边款题："为畅安先生作，启功。"王世襄说："19 世纪中叶以后，常州竹人多于沪上。徐素白之后，当推白士风。"此件臂搁刀法朴拙，雕琢细腻，可见白士风竹刻技艺之精湛。

神工鬼斧 | 竹刻篇

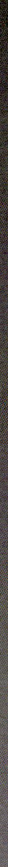

[现代] 徐秉方刻启元白画山水臂搁

尺　　寸　长 38.3 厘米，宽 8.5 厘米。
著　　录　王世襄著，《自珍集》，图版 5.15，P130。
文物传承　王世襄旧藏。

品鉴　臂搁竹材精良，色泽典雅，饶有古趣。书画大师启功画稿，徐秉方奏刀。王世襄评价说："秉方继承家学，专攻留青，四十以后，艺大进。巧用竹筠，有新的突破，不独于见刀处见神采，更求在模糊朦胧不见刀处生变化。不然，对此弥漫瀹郁，满幅烟云将不知如何措手矣。"

[现代] 范遥青刻钱行健画荷塘清趣图臂搁

尺　寸　长 28.5 厘米，宽 7.6 厘米。

著　录　王世襄著，《自珍集》，图版 5.17，P132。

参　阅　《俪松居长物——王世襄、袁荃猷珍藏中国艺术品》，Lot：1205。

文物传承　王世襄旧藏。

品鉴　臂搁材质完整，色泽典雅。翠鸟与蜻蜓立于荷上，灵动轻盈。鸟肥硕而蜓纤细；鸟下荷花含苞欲放，蜓下荷花盛开怒放。对比鲜明而有层次。"下端留青，似有似无，荇草荷钱，皆生水中，甚妙。倘刮净，索然无味矣"。（《自珍集》）边题："荷塘清趣，丙寅春日钱行健画范遥青刻。"

[现代] 范遥青刻虫王对垒图臂搁

尺　　寸　长 29.8 厘米，宽 10 厘米。
著　　录　王世襄著，《自珍集》，图版 5.18，P133。
参　　阅　《俪松居长物——王世襄、袁荃猷珍藏中国艺术品》，Lot：1200。
文物传承　王世襄旧藏。

品鉴

臂搁构图得当，雕琢细腻。画稿为王世襄亲绘，范遥青奏刀。下雕两蟋蟀对垒，斗志昂扬，引而不发。王世襄自云："不愿见两败俱伤。"（《自珍集》）中衬芦苇，疏朗而有层次。上刻王世襄自题绝句："白钳蟹壳墨牙黄，一旦交锋必俱伤，何若画中长对垒，全须全尾两虫王。遥青刻斗蛩图见贻，腰以小诗，此意非时辈所能知也。戊寅秋畅安王世襄。"

[现代] 范遥青刻百合花臂搁

尺　　寸　长 27 厘米，宽 10.5 厘米。

著　　录　王世襄著，《自珍集》，图版 5.19，P134。

参　　阅　《俪松居长物——王世襄、袁荃猷珍藏中国艺术品》，Lot：1202。

文物传承　王世襄旧藏。

品鉴

　　此臂搁雕琢精细灵巧。百合花茎叶留青。正面一花深刻，花蕾和背向一花用陷地浅刻，高起的地方则微微留有竹筠，隐约如一层薄雾。雕刻深浅有致，极富立体感，百合花跃然而出。

　　王世襄曾云："北楼先生为竹刻作画，每告刻者曰：某处当浅刻，某处宜深刻，某处可留青，某处用高浮雕。盖未画之先，腹稿已完成全图设计。其要旨在集不同刀法于一器，借以丰富其表现力。予曾为遥青道之，遂作此见寄。"（《自珍集》）

[现代] 朱小华刻吕洞宾臂搁

尺　　寸　长21.5厘米，宽6.47厘米。

著　　录　王世襄著，《自珍集》，图版5.22，P137。

参　　阅　《俪松居长物——王世襄、袁荃猷珍藏中国艺术品》，Lot：1201。

文物传承　王世襄旧藏。

品鉴　臂搁用陷地浅刻法雕吕洞宾，手中执行拂尘尾，腰别挂葫芦，神态悠然，衣带当风，飘然如仙。细节刻画尤其入微，如两股飘带的交搭，绳索革覆的编结等，而又远近有致，层次分明，足见朱小华雕工精湛。

珠光氤氲

铜炉篇

王世襄与铜炉

王世襄所藏铜炉，统称"宣德炉"或"宣炉"。"宣德炉"并非仅指明宣德年间所制铜炉，而是对制造于明清两朝供文人雅士清玩的小型铜炉的统称。

对于收藏者而言，这小小的铜炉寄托着他们的某种特别的感情，比如爱炉如命者赵李卿。

民国初年，赵李卿居住在芳嘉园，与王世襄家相距不过数十步，后来虽搬入八大人胡同居住，但与芳嘉园也仅隔一条小巷。幼年的王世襄几乎每天都要带着鸽子到赵李卿家门前放飞。

赵李卿不仅喜欢养鸽子、秋虫，更对铜炉情有独钟，当年他搜集的铜炉竟达百数十具。赵李卿对铜炉的保养、鉴赏乃至烧制也有独到心得。王世襄曾在《漫话铜炉》一文中，提到赵李卿烧制铜炉：

烧炉者有一共同心愿，亟望能快速烧成，十年八载实在太慢了。不过藏家谁也不敢轻举妄动，怕把炉烧坏。敢用烈火猛攻的只有一位，我父亲的老友赵李卿先生。

....

炉一到手，便浸入杏干水煮一昼夜，取出时污垢尽去，铛光瓦亮。随后硬是把烧红的炭或煤块夹入炉中，或把炉放在炉子顶面上烤。有的烧一夜便大功告成；有的烧了几天才见效；有的烧后失败，放入杏干水中几次再煮再烧，始渐入佳境；也有的怎样烧也烧不出来，每况愈下，终归淘汰。不过鉴别力正在逐年提高，得而又弃的已越来越少了。

这位被王世襄亲切称呼为"李卿丈"的铜炉收藏大家，对王世襄影响很大。后来，王世襄渐渐对铜炉产生了兴趣，也开始效仿烧制铜炉。

1947年冬，王世襄在海王村古董店购得一具"琴友"蚰耳圈足炉，铜炉满身污垢。王世襄回家后，采用赵李卿的烧炉方法，将铜炉放在杏干水中煮一夜，次日取出，铜炉不仅污垢尽除，而且呈现出棠梨色。后来，王世襄开始有意收藏并烧制铜炉，但烧制结果似乎并不理想，往往是"十不得一二"。

抗战期间，赵李卿因为不肯任日伪政府官职，被迫变卖了许多铜炉以维持生计，此后每每谈起此事，赵李卿都是眷眷不忘。1950年初，刚从美国参观考察博物馆归来不久的王世襄去探望了赵李卿夫妇。赵李卿从所剩铜炉中挑选出十具赠予他，并再三叮咛说："各炉乃多年性情所寄，皆铭心之物，幸善护持勿失。"

王世襄向来珍惜与赵李卿之间的情谊。自此以后，王世襄开始着手收购赵李卿当年出让的那些铜炉。他先后几次从庞敦敏处购回赵李卿当年旧藏的多具铜炉，仅1951年2月28日一次就从庞家买回了十多具。

当王世襄挑选出两三具精品欣喜地送与赵李卿夫妇摩挲时，正在病中的两位老人万分激动。据王世襄回忆："时二老均在病中，丈喘咳尤剧，持炉把玩，如见故人，而力有不胜。濒行，赵伯母忽取案头此炉相授，曰：'你拿去摆在一起吧。'此情此景，倍感凄恻，竟嗒然久之，不知言谢。"

倚靠在床头的赵李卿告诉王世襄说："最佳之炉，不在庞家而在陈处。如顺治比丘造者，可谓绝无仅有，视明炉尤为可贵。倘能得之，当为尔庆，勿忘持来再把玩也。"所谓陈处，指的是陈剑秋。

几经周折，王世襄终于通过其女婿打听到，陈剑秋已经离世，他当年所藏铜炉多归其第四子的妻子所有，而且已经有多具卖给了美国人。王世襄闻讯，急忙赶到汪芝麻胡同陈家，所幸那具"顺治比丘造者"铜炉还在。经过一番讨价还价，王世襄终于购回了这具铜炉。可惜的是，赵李卿此时已然仙逝，无缘再见这具让他魂牵梦绕的旧日铜炉了。

一、有耳铜炉

蚰耳炉

[明]"肩溪珍玩"蚰耳三足炉

尺　　寸　　高6.1厘米，口径10.2厘米，重1153g。
著　　录　　王世襄著，《自珍集》，图版2.22，P35。
文物传承　　1950年，赵李卿赠予王世襄十炉之一。

品鉴　蚰龙耳，三足，炉形秀雅，沉稳雅静。底铸"溪珍玩"篆书款。款识首字为"肩"，但字书并无"肩"字。王世襄说："如释为'肩'，其下半分明为'月'而非'目'。如释其上半为'巴'，亦难与下半合成为'肥'。究为何字，待考。"（《自珍集》）有人说这可能是因为明朝人的篆书不规范。

[明末清初]"玉堂清玩"蚰耳圈足炉

尺　　寸　高6厘米，口径10.5厘米，重1279克。

著　　录　王世襄著，《自珍集》，图版2.7，P20。

参　　阅　《俪松居长物——王世襄、袁荃猷珍藏中国艺术品》，Lot：1111。
　　　　　　《锦灰吉金——王世襄藏铜炉专场》，Lot：0003。

文物传承　1951年5月，王世襄购自北京大烟筒胡同何玉堂家。

品鉴

炉形为蚰龙耳炉，口沿微侈，颈短耳拙，腹肥足矮，沉稳雅静。蜡茶古色，"经多年火养，精光内含"。（《自珍集》）炉壁均匀，叩之声音悠长，如丝缕般漫荡开去，令人神往。炉底有"玉堂清玩"篆书款。

传世的玉堂款炉很多，但品格大有差异，有真有假。这些玉堂款炉是谁所造，王世襄以为"尚待考"。据邵茗生《宣炉汇释》记载，铸者是严嵩。但王世襄则认为"未能提出确证，难置信"。（《自珍集》）

[明末清初]"大明宣德年制"蚰耳圈足炉

尺　　寸　高 7.2 厘米，口径 11.8 厘米，重 1989 克。
著　　录　王世襄著，《自珍集》，图版 2.2，P14。
参　　阅　《俪松居长物——王世襄、袁荃猷珍藏中国艺术品》，Lot：1114。
　　　　　　《锦灰吉金——王世襄藏铜炉专场》，Lot：0010。
文物传承　1950 年 2 月 15 日，王世襄购自北京地安门大街俊福祥。

品鉴

　　此炉为标准的蚰龙耳炉，炉身丰满，肩饰蚰耳。"造型凝重，色正而莹洁，远胜常见宣德款炉"。（《自珍集》）底铸"大明宣德年制"六字篆书款。炉身本为栗红色，现在皮色以蜡茶为主。炉壁薄而压手，叩之颤音悠长，当为明末清初的精炼好铜。只有上佳之器，才会用此材。此炉在特殊时期被抄去，因置卑湿处，归还时已生锈斑。王世襄说"炭火保养，恐十年亦难复旧观矣"。

珠光氤氲

铜炉篇

[清]"奕文氏"蚰耳圈足炉

尺　　寸　高6厘米，口径11.5厘米，重1703克。
著　　录　王世襄著，《自珍集》，图版2.18，P31。
参　　阅　《俪松居长物——王世襄、袁荃猷珍藏中国艺术品》，Lot：1122。
　　　　　　《锦灰吉金——王世襄藏铜炉专场》，Lot：0013。
文物传承　赵李卿旧藏。1951年2月28日，王世襄购自庞敦敏处。

珠光氤氲

/ 铜炉篇 /

191

品鉴

炉形为蚰龙耳炉，颇为秀雅。铜质精纯，金黄赤亮，古蜡茶色，精光内含。轻叩炉壁，声如玉磬。底铸"奕文氏"柳叶篆书款。款识首字上"赤"下"大"，但字书并无"奕"字。王世襄说："如释为'奕'，其上半分明为'赤'而非'亦'。或谓赤从火从大，赤下有大仍为'赤'。若然，则为'赤文氏'之炉矣。"款识为炉成后冷刻，框正浅刻，款底笔画间有剔凿之痕。

[清乾隆]"大清乾隆年制"蚰耳圈足炉

尺　　寸　高3.4厘米，口径7.2厘米，重284克。

著　　录　王世襄著，《自珍集》，图版2.28，P41。

参　　阅　《俪松居长物——王世襄、袁荃猷珍藏中国艺术品》，Lot：1128。
　　　　　《锦灰吉金——王世襄藏铜炉专场》，Lot：0006。

文物传承　赵李卿旧藏。1951年7月12日，王世襄购自庞敦敏处。

珠光氤氲 /铜炉篇/

品鉴 炉身小而扁，炉腹外凸几乎呈锐角，圈足小而外撇，双耳呈三角形，给人以劲峭感，极为罕见。蜡茶之色，沉蕴净洁，精光内出。薄壁压手，叩之清音荡漾，让人神往。炉底刻"大清乾隆年制"六字繁体楷书款，其字体正处于传统楷书向规范仿宋体过渡期。王世襄评价此炉说："传世有乾隆年款者十分稀少，小而精者仅见此一件。惟铸款欠整齐。"（《自珍集》）

[不详]"琴友"蚰耳圈足炉

尺　　寸　　高5.6厘米，口径9.3厘米，重864克。
著　　录　　王世襄著，《自珍集》，图版2.19，P32。
文物传承　　1947年冬，王世襄购自北京海王村古董店。

品鉴

炉底有"琴友"款。1947年冬，王世襄在海王村古董店发现此炉，因夫人袁荃猷正从管平湖处学琴，王世襄"喜炉款识而购之"。当时此炉遍体泥垢，王世襄依赵李卿法，"用杏干水煮之数沸，翌晨取出，泥垢尽失，灿然如新，置洋炉子（北京当年一般家庭取暖用铁炉。平顶，侧面开门）顶面爇之，一夜而得佳色，且肌理光润生辉。此为平生用速成法烧成之第一炉"。（《自珍集》）

冲天耳炉

[宋（一说明或更早）**]"云雷纹"冲天耳青铜炉**

尺　　寸　口径 9.8 厘米，高 7.2 厘米，重量不详。
著　　录　荣宏君著，《王世襄珍藏文物聚散实录》，P273。
参　　阅　《时和笔畅——名家旧藏文房古器物专场》，Lot：3828。
文物传承　清末古玩收藏家赵汝珍旧藏，后赠予义子韵荪。王世襄曾代保管，20 世纪 80 年代归还韵荪。

> **品鉴**
>
> 　　此炉冲天耳，腹矮而扁。三足肥而不胰。皮色深绿，精光内含，静而不嚣。炉身刻云雷纹，精致绝美，是当之无愧的炉中逸品。
>
> 　　韵荪又名裴松，号靖平，毕业于黄埔军校，时任北平市警察局崇文分局局长。其父亲与王世襄父王继曾同职于北洋政府外交部，世交深厚。
>
> 　　韵荪自幼酷爱古玩，清末古玩收藏大家赵汝珍收其为义子。因赵汝珍在北京琉璃厂开设了萃珍斋古玩铺，韵荪便常和王世襄常来此处。
>
> 　　1949 年，傅作义秘书阎又文（中共地下党员）劝导韵荪随傅作义起义投诚，韵荪欣然同意。新中国成立后，韵荪继续担任北京市公安局崇文分局局长。
>
> 　　20 世纪 50 年代初，"肃反"运动开始，韵荪蒙冤入狱。此前，他曾将自己收藏的物品委托王世襄保管。这批物品在特殊时期，随王世襄所藏物品一起被抄，1974 年以后由北京市文物管理处退回。20 世纪 80 年代，韵荪平反回京，王世襄将物品归还韵荪。

[明崇祯]"崇祯壬午冬月青来监造"冲天耳金片三足炉

尺　　寸　通高 10.3 厘米，口高 8 厘米，口径 12 厘米，重 1951 克。

著　　录　王世襄著，《自珍集》，图版 2.25，P38。

参　　阅　《俪松居长物——王世襄、袁荃猷珍藏中国艺术品》，Lot：1127。

　　　　　《锦灰吉金——王世襄藏铜炉专场》，Lot：0019。

文物传承　1951 年 3 月 31 日，赵汝珍赠予王世襄。

珠光氤氲

铜炉篇

崇祯壬午冬月青来监造

品鉴 此炉冲天耳，口微侈，腹浑圆，底凸坠。三足略丰，足底宽平，与同期炉足大异。炉身铜质厚重，色泽沉韵。通体满布金片大小参差，金片甚厚，用手指抚按可以感觉出来。炉底刻"崇祯壬午冬月青来监造"繁体楷书十字，崇祯壬午为崇祯十五年（1642年）。

[明]"大明宣德年制"冲天耳三足炉

尺　　寸　通高 8.9 厘米，口高 7.2 厘米，口径 14 厘米，重 2106 克。

著　　录　王世襄著，《自珍集》，图版 2.3，P15。

　　　　　　刘锡荣著，《钟鼎茗香》（二），第 056 页。

　　　　　　刘锡荣著，《俪松居遗珍》，第 58—59 页。

参　　阅　《俪松居长物——王世襄、袁荃猷珍藏中国艺术品》，Lot：1116。

　　　　　　《锦灰吉金——王世襄藏铜炉专场》，Lot：0002。

　　　　　　《燕居首器——明清铜炉专场》，Lot：1506。

文物传承　1950 年，赵李卿赠予王世襄十炉之一。

品鉴

炉铸就后冷刻"大明宣德年制"六字繁体楷书款，其刻法凿剔并用，细部修磨。此炉形雅扁宽，极重压手，鼓腹微垂，口薄底厚，侈口收颈。三足适中，与冲耳呼应。通体栗色，熠熠有光。叩之声音悦耳悠长。内底有两个小钻坑，径约3毫米，深约2毫米。"盖有妄人取样，验是否含金。"（《自珍集》）

冲天耳炉亦称朝天耳炉、乳炉、乳足炉。朝天，有崇敬上天之意，寓意"敬天法祖"，颇受皇室垂青。明朝宣德皇帝常将冲天耳炉置于乾清宫等议政殿堂，地位尊贵。此式铜炉也见于书斋清供、神案祭祀等。

此炉为1950年赵李卿赠王世襄的十炉之一。据王世襄回忆："1950年初，襄自美国参观博物馆归来方数月，李卿丈（赵沆年先生）选藏炉十具见赐，谨以节约旅美奖学金所得为寿。拜领时，叮咛再三：'各炉乃多年性情所寄，皆铭心之物，幸善护持勿失。'劫后，十炉尚存其九，差可告慰于吾丈矣。"

[明末清初]"澹庵"冲天耳三足炉

尺　　寸　通高 6 厘米，口高 4.6 厘米，口径 8.5 厘米，重 671 克。
著　　录　王世襄著，《自珍集》，图版 2.9，P22。
参　　阅　《锦灰集珍——王世襄先生旧藏：王世襄先生藏工艺品》，Lot：3090
　　　　　《玩物适情——名家收藏集珍》，Lot：4681。
文物传承　赵李卿旧藏。1951 年 2 月 28 日，王世襄购自庞敦敏处。

品鉴

此炉炉身玲珑而不失沉稳，冲天双耳，承三乳足。铜质厚重，隐约泛金。"澹庵"篆书款规整有力。王世襄据号为"澹庵"的古人的年代、行实考证，此炉主人可能是清顺治初年进士庄冏生。"画传称其工诗、古文辞，善书画，著《澹庵集》《漆园印型》十六册等。惟藏炉、造炉尚无旁证，以上不过臆测而已。"（《自珍集》）

[明末清初]"熟名香兮读楚辞" 冲天耳三足炉

尺　　寸　通高 7.5 厘米，口高 5.5 厘米，口径 10.4 厘米，重 881 克。
著　　录　王世襄著，《自珍集》，图版 2.13，P26。
参　　阅　《锦灰集珍——王世襄先生旧藏：王世襄先生藏工艺品》，Lot：3091。
文物传承　赵李卿旧藏。1951 年 2 月 28 日，王世襄购自庞敦敏处。

珠光氤氲 ｜ 铜炉篇 ｜

品鉴

此炉直口微撇，鼓腹，冲天双耳，承三乳足，色泽沉稳，气度非凡。底部"爇名香兮读楚辞"七字三列篆书，款字工整，意为焚香读楚辞。王世襄曾说："铜炉款识，或用年号，或用室名，或用姓氏，或用别名，皆常见。而此以炉所予人之情趣为款识，文如闲章，旷逸可喜，实少有。读离骚亦曾一此炉焚香，一缕缭绕，有助遐想。"（《自珍集》）此炉清雅素净，王世襄先生主要用作书斋清供。

[清]"莫臣氏"冲天耳三足炉

尺　　寸　通高 8.6 厘米，口高 6.4 厘米，口径 11.6 厘米，重 1281 克。
著　　录　王世襄著，《自珍集》，图版 2.15，P28。
参　　阅　《俪松居长物——王世襄、袁荃猷珍藏中国艺术品》，Lot：1121。
　　　　　　《锦灰吉金——王世襄藏铜炉专场》，Lot：0014。
文物传承　赵李卿旧藏。1951 年 2 月 28 日，王世襄购自庞敦敏处。

品鉴 此炉造型另类巧妙，与常见冲耳炉颇为不同。侈口柔婉，腹肥下垂。两耳略高，耳孔超大，下角处圆润。三足硕而不腴。通身栗色、素光，为赤铜所铸。底刻"莫臣氏"篆书款，为炉铸成以后冷刻。王世襄说："'莫臣'，不论其为姓名或别号，皆有不食周粟之意。采薇首阳者固代有其人也。"（《自珍集》）

[清]"弟子刘起龙造"冲天耳三足炉

尺　　寸　通高 7.5 厘米，口高 5.8 厘米，口径 11.7 厘米，重 1245 克。

著　　录　王世襄著，《自珍集》，图版 2.17，P30。

参　　阅　《俪松居长物——王世襄、袁荃猷珍藏中国艺术品》，Lot：1123。

　　　　　《锦灰吉金——王世襄藏铜炉专场》，Lot：0005。

文物传承　1953 年 7 月 18 日，王世襄购自陈清畅夫人处。

此炉小巧精致。通身黑漆古色，仅口沿处稍露铜色。底部刻"弟子刘起龙造"繁体楷书款，字体不甚规整，王世襄以为其"与嘉靖间刻本字体有相似处。据此断代，或不致大误"。此炉原为陈剑秋所藏，陈剑秋去世后，由四子陈清畅之媳继承，后转与王世襄。

[清]"奕世流芳"冲天耳三足炉

尺　　寸　通高 9.6 厘米，口高 6.8 厘米，口径 13.2 厘米，重 1648 克。

著　　录　王世襄著，《自珍集》，图版 2.30，P43。

　　　　　　刘锡荣著，《俪松居遗珍》，第 62—65 页。

参　　阅　《俪松居长物——王世襄、袁荃猷珍藏中国艺术品》，Lot：1131。

　　　　　　《锦灰吉金——王世襄藏铜炉专场》，Lot：0017。

　　　　　　《燕居首器——明清铜炉专场》，Lot：1507。

文物传承　20 世纪 50 年代中期，王世襄购自北京琉璃厂东门。

品鉴

冲天耳肥厚，为清中以后特征。底有三乳足，腹足饱满。工艺规整，色泽古朴。蜡茶古色，皮色未染。铜壁细实压手，叩之音佳。炉底刻"奕世流芳"篆书款。内底有"工部臣吴邦佐监造""乾字第贰号"长方印记。但与"宣德款炉及有吴邦佐戳记者有别"。傅大卣曾向王世襄表示此炉为赝品，但王世襄"惟念宣炉有疑问者甚多，倘有赝品供研究亦佳，故未弃之"。

[明末清初]"深柳书堂"冲天耳三足炉

尺　　寸　通高 9.8 厘米，口高 7.5 厘米，口径 15.5 厘米，重 2231 克。
著　　录　王世襄著，《自珍集》，图版 2.24，P37。
参　　阅　《俪松居长物——王世襄、袁荃猷珍藏中国艺术品》，Lot：1119。
文物传承　赵李卿旧藏。1951 年 2 月 28 日，王世襄购自庞敦敏处。

珠光氤氲 / 铜炉篇

品鉴 炉身有冲天耳一对，承三乳足。炉底刻"深柳读书堂"篆书款，字体较为规整，唯不知此炉何人所藏。据王世襄考证，"查以'深柳读书堂'为室名者不下四五人。以'深柳书堂'为室名者，有嘉道时人王植，时代太晚。制此炉者当于明人中求之"。

[清顺治]"大清顺治辛丑邺中比丘超格虔造供佛"冲天耳三足炉

尺　　寸　通高 8.5 厘米，口高 6.4 厘米，口径 9.6 厘米，重 1754 克。
著　　录　王世襄著，《自珍集》，图版 2.26，P39。
参　　阅　《俪松居长物——王世襄、袁荃猷珍藏中国艺术品》，Lot：1130。
　　　　　《锦灰吉金——王世襄藏铜炉专场》，Lot：0009。
文物传承　赵李卿旧藏。1951 年，王世襄购自北京汪芝麻胡同陈家。

品鉴

此炉炉身扁宽,冲天耳窈窕,耳孔扁圆。腹圆垂,口壁薄,三足精巧。皮色蜡茶,赤色密润。炉底刻"大清顺治辛丑邺中比丘超格虔造供佛"篆书款,大方浅刻,字佳工精。此炉为赵李卿旧藏,被他称为"最佳之炉",后他因生活所迫卖出。1951年王世襄经多方询探,从他人手中购得。

[清道光]"道光丁未秋定府行有恒堂造"冲天耳三足炉

尺　　寸　通高 8.1 厘米，口高 6 厘米，口径 11.8 厘米，重 913 克。

著　　录　王世襄著，《自珍集》，图版 2.29，P42。

参　　阅　《俪松居长物——王世襄、袁荃猷珍藏中国艺术品》，Lot：1126。

　　　　　《锦灰吉金——王世襄藏铜炉专场》，Lot：0012。

文物传承　王世襄旧藏。

珠光氤氲 /铜炉篇/

品鉴

造型严谨，款识工整。皮色深黄，隐隐泛金星，色近藏经。双耳张扬，肥腹慷肿，三足瘦俏。炉底刻"道光丁未秋定府行有恒堂造"楷书十二字款，乃铸后修磨而成，字体工整，章法严谨。丁未为道光二十七年（1847年），"行有恒堂"为清宗室载铨室名。载铨为乾隆皇帝四代孙，平生尤好古玩陈设，其藏品"皆典雅可喜，盖为精鉴赏、工设计之艺术家，贵胄中实罕有"。（《自珍集》）

[不详]"室生"冲天耳三足炉

尺　　寸　通高 6 厘米，口高 4.8 厘米，口径 8 厘米，重 581 克。
著　　录　王世襄著，《自珍集》，图版 2.11，P24。
文物传承　1950 年，赵李卿赠予王世襄十炉之一。

品鉴 造此炉虽小却重,腹矮而扁。一足已生绿斑,但王世襄认为其"苍翠可爱,与恶锈大异"。底部隐约泛金,有"室生"款。另据王世襄推测,"室生"可能是藏炉者的别号,也可能是藏炉者将炉拟人化,称之为"同室之生"。

戟耳炉

[明末]"孟博氏"戟耳炉

尺　　寸　高 7.3 厘米，口径 10.7 厘米，重 1655 克。
著　　录　王世襄著，《自珍集》，图版 2.20，P33。
参　　阅　《俪松居长物——王世襄、袁荃猷珍藏中国艺术品》，Lot：1125。
　　　　　《锦灰吉金——王世襄藏铜炉专场》，Lot：0020。
文物传承　赵李卿旧藏。1951 年 2 月 28 日，王世襄购自庞敦敏处。

品鉴　炉身直筒形，侧铸戟耳。蜡茶古色，沉厚庄严，宝光内敛。包浆亮丽，制作工艺精湛，为铜炉中精品。炉底有"孟博氏"篆书款。据王世襄考证，"孟博"可能指傅汝循。"傅汝循，字孟博，苏州人。崇祯初官济南通判。《吴县志》称其书摹晋唐宋诸家，俱有法。此炉或其所藏欤？"（《自珍集》）

[明清]"玉室清玩"戟耳炉

尺　寸　高7.2厘米，口径10.8厘米，重1741克。
著　录　王世襄著，《自珍集》，图版2.5，P18。
参　阅　《锦灰集珍——王世襄先生旧藏：王世襄先生藏工艺品》，Lot：3092。
文物传承　赵李卿旧藏。1951年，王世襄购自庞敦敏处。

品鉴 此炉圆筒形，平口平底，下铸微撇圈足。炉身铸戟耳，磨出金黄色边线，非常夺目。戟耳如弯月，耳洞为长方形。炉口、炉底的边缘因长期把玩而出现黄铜色，如自然生成的纹路，颇为美观。膛壁平滑，黑漆古色。金黄与黑色交相晕染，黑色"淡处如雾霭，浓处如墨泼。静中睎对，忽欲浮动，恍若陈所翁画卷，弥漫中将有神龙出没"。炉底刻"玉堂清玩"四字篆书款。据王世襄评价此炉说："李卿丈藏戟耳炉，不下二三十座，此为第一，常置夫人案头，朝夕爇香饼。"

珠光氤氲 /铜炉篇/ 221

[清]"献贤氏藏"戟耳炉

尺　　寸　高 6.2 厘米，口径 8.9 厘米，重 1374 克。

著　　录　王世襄著，《自珍集》，图版 2.16，P29。

参　　阅　《俪松居长物——王世襄、袁荃猷珍藏中国艺术品》，Lot：1112。
　　　　　《锦灰吉金——王世襄藏铜炉专场》，Lot：0008。

文物传承　1950 年，赵李卿赠予王世襄十炉之一。

品鉴

此炉为标准的戟耳筒炉，炉身笔直而上略阔，下微收。双耳圆柱微倾，工整对仗，有如诗韵。皮色为浅蜡茶色，为赤铜铸成，沉密压手，叩之音如天籁。圈足内铸"献贤氏藏"篆书款。有趣的是，"'献贤'恰好与'莫臣'之意相反。同为炉款识，又同为李卿丈所得，可谓巧合"。（《自珍集》）

马槽炉

[清]"湛氏之炉"马槽炉

尺　　寸　高 7.2 厘米，口径 10.6 厘米 ×8.5 厘米，重 1743 克。

著　　录　王世襄著，《自珍集》，图版 2.12，P25。

参　　阅　《俪松居长物——王世襄、袁荃猷珍藏中国艺术品》，Lot：1113。

　　　　　《锦灰吉金——王世襄藏铜炉专场》，Lot：0004。

文物传承　1950 年，赵李卿赠予王世襄十炉之一。

品鉴　此炉奇重，炉身长方，侧铸双耳，蜡茶色。铜质黄亮发赤，赤中泛青，为黄铜、红铜加适量重金属精炼。炉身鎏金散若云霞。炉底铸有"湛氏之炉"四字篆书款。据王世襄考证："湛氏名人不多，其为甘泉先生湛若水之炉欤？"（《自珍集》）

马槽炉为方正耿直之器，一般宣炉均取"天圆"，而马槽炉则依"地方"，为宣炉一族添了阴阳平衡。

[清康熙]"大清康熙年制燕台施氏精造"马槽炉

尺　　寸　高 8.6 厘米，口径 14 厘米 ×10.4 厘米，重 3003 克。

著　　录　王世襄著，《自珍集》，图版 2.27，P40。

参　　阅　《俪松居长物——王世襄、袁荃猷珍藏中国艺术品》，Lot：1129。

　　　　　　《锦灰吉金——王世襄藏铜炉专场》，Lot：0016。

文物传承　赵李卿旧藏。1951 年 2 月 28 日，王世襄购自庞敦敏处。

品鉴

炉身为长方形,两侧铸竖耳,底有直角形四足。文房之炉,多细精小,而此炉为大器,定制者必为大家。炉底铸有"大清康熙年制燕台施氏精造"篆书款。据《帝京景物略》记载,宣炉之后"有北铸,嘉靖初之学道,近之施家……有南铸,苏(州)蔡家,南(京)甘家"。佚名《沈氏宣炉小志》又有"施家过厚,甘家过薄"之说。此炉极厚重,即为北铸施家炉。

桥耳炉

[明末清初]"思山"款桥耳三足炉

尺　　寸　通高 5.7 厘米，口高 4.8 厘米，口径 7.7 厘米，重 508 克。
著　　录　王世襄著，《自珍集》，图版 2.23，P36。
参　　阅　《锦灰集珍——王世襄先生旧藏：王世襄先生藏工艺品》，Lot：3089。
文物传承　赵李卿旧藏。1951 年 8 月 14 日，王世襄购自庞敦敏处。

品鉴

此炉平口，束颈，桥耳圆润流畅，为一根完整的圈形线条，与炉身相连，畅快舒服。口沿下弧度加大，腹扁平。炉皮黑中泛深紫，底部大片绿斑，浓淡相间，"足旁嫩绿点，如初生苔藓，跳突石上"。炉底刻铸"思山"篆书两字，笔画高凸，工艺精湛。1953年，天津藏炉家吴颂平拜访王世襄，对其所藏颇多称许，"而独赏此炉"。（《自珍集》）

兽耳炉

[明] 兽耳炉、铜箸瓶

尺　　寸　不详。

著　　录　荣宏君著，《王世襄珍藏文物聚散实录》，第 116 号，P198；第 187 号，P200。

参　　阅　《稽古——中国文房艺术》(2014)，Lot：6384。

文物传承　王世襄旧藏，赠予韵荪。

品鉴　两件器物均为铜质。兽耳炉炉顶为紫檀质地，造型古朴、纹饰精美。箸瓶造型优雅，曲线优美。

天鸡炉

[明清]"玉堂清玩"天鸡炉

尺　　寸　　高 7.3 厘米，口径 9.7 厘米，重 1095 克。
著　　录　　王世襄著，《自珍集》，图 2.6，P19。
文物传承　　1950 年，赵李卿赠予王世襄十炉之一。

品鉴　　此炉为紫褐色，通体铄金点，两耳铸成后刻，刀法非常精致。炉底有"玉堂清玩"款。据王世襄研究，此炉的造型和耳与《宣炉汇释·释见闻》中邵氏万松兰亭斋所藏的两节式天鸡彝非常相似，只不过此炉不是用两节合成的。"据历年所见，凡相类之炉，私家款者多优于宣德款者，纹饰简者多优于纹饰繁者。其所以然，为铜炉值得研究问题之一。"（《自珍集》）

其他有耳铜炉

[明]"孟嘉家藏"款铜香炉

尺　　　寸　不详。
参　　　阅　《中国嘉德 1997 年春季拍卖会·瓷器 玉器 鼻烟壶 工艺品》，Lot : 522。
文物传承　王世襄旧藏。

品鉴　此炉圆腹圈足，束颈双耳，口沿微外翻。器型端庄古拙，铜质厚重，包浆光亮。底刻"孟嘉家藏"四字二行篆书款。

[明]"玉堂清玩"款洒金铜三足香炉

尺　　寸　不详。
参　　阅　《中国嘉德 1997 年春季拍卖会·瓷器 玉器 鼻烟壶 工艺品》，Lot：523。
文物传承　王世襄旧藏。

品鉴　此炉圆腹三足，束颈双耳。胎质厚重，通体洒金片，包浆光亮完好。炉底刻"玉堂清玩"四字篆书刻款。

二、无耳铜炉

鬲 炉

[明]"玉堂清玩"大鬲炉

尺　　寸　高9.9厘米，口径22.2厘米，重7460克。

著　　录　王世襄著，《自珍集》，图版2.4，P16。

参　　阅　《俪松居长物——王世襄、袁荃猷珍藏中国艺术品》，Lot：1117。

　　　　　《锦灰吉金——王世襄藏铜炉专场》，Lot：0007。

文物传承　1950年，赵李卿赠予王世襄十炉之一。

款识："玉堂清玩"篆书款。

在赠予王世襄的十具铜炉之中，赵李卿对此炉尤视为重器。

此炉造型硕大浑厚，色质静穆精纯。平口起线，凹颈双旋，精准平行。炉腹柔美，丰而不腴。皮色为蜡茶古色，铜黄中带赤。此炉可能非一般官绅所能用。

炉配明制紫檀整挖炉座，材料精美，工艺精良，包浆润泽。王世襄评价说："予藏炉四十多具，均有檀、梨木座。十年浩劫，全部被抄。发还时炉失约三分之一，炉座竟无存者，惟此鬲明紫檀座无恙，亦云幸亦。"（《自珍集》）

[清]"完初家藏"鬲炉

尺　　寸　高 4.7 厘米，口径 10 厘米，重 832 克。

著　　录　王世襄著，《自珍集》，图版 2.14，P27。

参　　阅　《俪松居长物——王世襄、袁荃猷珍藏中国艺术品》，Lot：1124。

　　　　　　《锦灰吉金——王世襄藏铜炉专场》，Lot：0015。

文物传承　1950 年，赵李卿赠予王世襄十炉之一。

品鉴

此炉鬲式炉身,下有三柱足,朴拙可爱。其最大特色是外壁色如经霜之橘,表面坑洼不平,如同橘皮。炉底有"完初家藏"楷书款。"炉原以润泽见胜,此则一反其旨。天然淳朴,别有奇趣。"(《自珍集》)

[清]"李曲江制"鬲炉

尺　寸　高 6.5 厘米，口径 13.4 厘米，重 1869 克。

著　录　王世襄著，《自珍集》，图版 2.21，P34。

参　阅　《俪松居长物——王世襄、袁荃猷珍藏中国艺术品》，Lot：1115。

《锦灰吉金——王世襄藏铜炉专场》，Lot：0011。

文物传承　赵李卿旧藏。1951 年 2 月 28 日，王世襄购自庞敦敏处。

珠光氤氲

铜炉篇

品鉴 此炉造型仿商周青铜器，折沿及束腰处皆有阳文起线，其工艺与明式家具之束腰颇似。腹硕饱满，腹底下垂，三足圆实。皮色为蜡茶色，包浆莹润典雅。炉底刻"李曲江制"四字柳叶篆书款，字体疏朗，略显夸张，极为罕见。

[清初]"在公家藏"鬲炉

尺　　寸　高 6.8 厘米，口径 14 厘米，重 1740 克。

著　　录　王世襄著，《自珍集》，图版 2.10，P23。

参　　阅　《俪松居长物——王世襄、袁荃猷珍藏中国艺术品》，Lot：1118。
　　　　　　《锦灰吉金——王世襄藏铜炉专场》，Lot：0001。

文物传承　20 世纪 50 年代，王世襄购自陶洙处。

品鉴

此炉腹部比一般鬲炉更凸出，造型独特。炉身包浆古拙，皮色为浅蜡茶色。铜质细密，灿若黄金，沉实贵重。叩之音妙，余音回梁。炉底有"在公家藏"四字篆书款，为铸后修磨而成，字体工整。

此炉原为陶洙所藏，后让与王世襄。陶洙字心如，号忆园，为海派画家，"工山水，花卉，不拘一格，均俊逸秀雅"。(《民国书画家汇传》)

《 鬲 炉 》

[不详]"明甫清玩"缶炉

尺　　寸　　高 4.6 厘米，口径 10 厘米，重 1030 克。
著　　录　　王世襄著，《自珍集》，图版 2.8，P21。
文物传承　　1950 年，赵李卿赠予王世襄十炉之一。

品鉴 此炉形似鬲炉，但为圈足。其皮色黑中泛紫，与宋代无文漆器颜色相仿。炉底有"明甫清玩"款。《尔雅·释器》："盎谓之缶。"郭璞注："盆也。"颜师古注："盆也。"王世襄据此称此炉"因炉形似盆，姑名之曰'缶炉'"。

其他无耳铜炉

[宋元] 四龙海水纹三足炉

尺　　寸　高 7.5 厘米，口径 13 厘米，重 1095 克。

著　　录　王世襄著，《自珍集》，图版 2.1，P14。

　　　　　　刘锡荣著，《钟鼎茗香》（二），第 056 页。

　　　　　　刘锡荣著，《俪松居遗珍》，第 58—59 页。

参　　阅　《俪松居长物——王世襄、袁荃猷珍藏中国艺术品》，Lot：1120。

　　　　　　《锦灰吉金——王世襄藏铜炉专场》，Lot：0018。

文物传承　1953 年 10 月，王世襄购自真赏斋。

珠光氤氲 /铜炉篇/

品鉴 炉身如盆如洗。口沿下一周平列海水纹。海水为地,凸起四龙,或前瞻或回顾者。炉底边垂三瓣纹饰,如幔帐璎珞。三棱戈足则焊在底上。口与足端无锈处露出红铜色。或以为当命名为"洗式戈足炉"。此炉与明代铜炉造型迥异,范铸粗犷而龙形古朴,为炉中别品。王世襄推测当为宋元时物。

[明] 铜三足香炉

尺　　寸　不详。
参　　阅　《中国嘉德 1997 年春季拍卖会·瓷器 玉器 鼻烟壶 工艺品》，Lot：521。
文物传承　王世襄旧藏。

品鉴　此炉口沿内敛，圆腹三足，器型别致，铜质压手，包浆光亮。炉底刻"大明宣德年制"六字三行篆书款。

[明] 铜香炉

尺　　寸　不详。
参　　阅　《中国嘉德 1997 年春季拍卖会·瓷器 玉器 鼻烟壶 工艺品》，Lot : 524。
文物传承　王世襄旧藏。

> **品鉴**　此炉器型古朴，直腹，浅圈足，口沿平翻。铜质厚重，包浆光亮完好。炉底刻"大明宣德年制"六字三行楷书款。

流光溢彩

漆器篇

王世襄与漆器

在王世襄收藏的漆器中，有两件非常特殊：一件是紫鸾鹊谱纹雕填兼描漆长方盒，另一件是三螭纹堆红圆盒。这两件漆器，都与他的学术专著《髹饰录解说》有关。

由明隆庆年间（1567—1572）著名漆工黄成编撰的《髹饰录》，是中国现存唯一一部关于古代髹漆工艺的专著。对于这部书的重要意义，王世襄曾总结说：一是"使我们认识到祖国漆工艺的丰富多彩"；二是"《髹饰录》是研究漆工史的重要文献"；三是"《髹饰录》为继承传统漆工艺，推陈出新，提供了宝贵材料"；四是"《髹饰录》为髹饰工艺提出了比较合理的分类"；五是"《髹饰录》为漆器定名提供了比较可靠的依据"。

1927年，朱启钤在日本首次见到这部书，后来一直珍藏《髹饰录》木版刻本，直到1949年秋，他委托王世襄对《髹饰录》进行解说，并语重心长地说："欲精研漆史，详核髹工，舍此无由，而将来解说与本文同刊，化身千百，使书易得而义可通，其有功漆术，嘉惠艺林，岂鲜浅哉！"

王世襄解《髹饰录》，有如梁思成解《营造法式》。由于《髹饰录》中使用了大量古奥生涩的名词术语，因此，虽然王世襄擅研古籍，可初读此书时，仍然是丈二的和尚——摸不着头脑。

后来，王世襄凭借着自己的古籍功底和钻研精神，很快找到了突破口。朱家溍后来回忆说："世襄是先把《髹饰录》中的名词、术语摘录出来，编成索引，这样就能知道每一词语在书中出现若干次，通过综合比较来探索其意义。"

《髹饰录》中对器物的命名，要求能够准确到技法，因此，其提到的漆器名称往往与后来的文献资料及工匠口中的名称不一致，要解决这个问题，并没有什么捷径可走。王世襄用了一个"笨办法"，先对器物名词、花色形态和制作方法死记硬背，然后随时与所见到的漆器进行比较，以此来印证《髹饰录》中的描述。他曾举过一个例子说：

> 例如《髹饰录》对名为"款彩"的漆器有十分形象的描述："阴刻文图，如打本之印板而陷众色。""打本印板"就是印线装书的木刻板片。所云和常施于插屏、屏风，图像留轮廓、铲地子，地子填彩色，与被古玩业称为"刻灰"或"大雕填"的完全吻合。可断定名称不同，实为一物。现在学术著作已普遍采用"款彩"一称，古玩业也开始放弃俗名。又如"雕填"一称，明清以来被广泛使用，但在《髹饰录》中却找不到。它的外观是彩色图像，沿外廓勾划填金，统称"戗金"。廓内亦常用戗金勾纹理，一般都有锦地。如仔细观察实物，会发现有的图像花纹是用彩漆填成的，有的是用彩漆描成的。因不论填或描，花纹边缘都戗金，效果几乎一样，不易分辨，故一律统称"雕填"。

王世襄遂对两种技艺方法分别命名为"戗金细勾填漆"和"戗金细勾描漆"。

作为一项传统工艺，漆工技艺通常只在师徒之间心口相传，所以王世襄可能为此吃过不少闭门羹。好在他遇到了一位名叫多宝臣（多善）的蒙古族漆工。后来，王世襄对多宝臣执弟子礼，得到了这位老匠师的悉心传授。

多宝臣生于1888年，十八岁师从其妻叔、著名漆艺匠师刘永恒学习漆艺，精通彩绘、描金、雕填和堆漆等多种技法。20世纪20年代起，多宝臣在东华门明古斋雕漆局及灯市口松古斋古玩铺做彩漆和雕填等仿古漆器工作。他不仅"技艺最精，所知最广"，而且"毫不保守，乐于教人"。

两三年里，王世襄"几乎每星期日都去多先生家，看他操作示范，不厌其详地提问题，写笔记"。他甚至还亲自给多宝臣打下手，直接学习漆工技法。据王世襄自己回忆说："曾请到家中为修补大件描金柜架，我在旁打下手，并随时作记录。木胎漆器一般要经过：合缝，捎当，布漆，垸漆，糙漆等工序，始能成器。我曾看到上述全过程。最后的装饰是洒金。在糙漆上打金胶，然后把不规则的金箔碎片洒贴到漆器表面。故曰：'始自捎当灰，迄于洒金箔。'"在他所藏的漆器中，紫鸾鹊谱纹雕填兼描漆长方盒和三螭纹堆红圆盒这两件，就是那时多宝臣为他示范的两件实物。

1958年秋，《髹饰录解说》初稿终于完成。因为当时的特殊环境，未能出版，只由王世襄小心翼翼地自费油印了200部，分赠博物馆、图书馆、漆器厂和师友，没想到立即在漆艺圈里产生很大影响。《髹饰录解说》完成不久，福建名匠师李卓卿就将其列为漆器厂教材；扬州厂闻讯也曾派人专程来京索取，可惜未能如愿；杭州厂则干脆去图书馆花了数周时间抄录全书。到了1959年，《髹饰录解说》被寄往国外，立刻受到海外学人的重视。

而最为兴奋的当数朱启钤，他欣然为《髹饰录解说》作序，并在序中赞许道：

解说之稿，前已两易，予每以为可，而畅安意有未惬。顷读其最近缮本，体例规模，灿然愈备。逐条疏证，内容翔实而文字浅易。引证实物，上起战国，下迄当代，多至百数十器。质色以下十四门，为详列表系，可一览而无遗。更编索引，附之篇末。予之弁言，不亦云乎："今高丽乐浪出土汉器，其中铜、铜辟、铜耳诸制，即为黄氏所未经见而未载之斯录者。又清宫秘藏历代古器，近亦陈列纵览，均可实证古法，辅翼图模，足资仿效，他日裒集古今本器，模印绘图，附列取证，即填嵌、描饰、创划、斒斓等等名色。亦拟以类搜求，按图作谱，其与墨法可通者，并取诸家墨谱，附丽斯篇，以为佐验。"是予曩所虑及者，畅安已悉为之，曩所未虑及者，今畅安亦为之。不期垂朽之年，终获目其成。卅年夙愿，此日得偿。平生快事，孰胜于斯？

后来，凭借着在漆艺上精深独到的理论见解，王世襄受邀参加大型图录《故宫博物院藏雕漆》的编选工作。1987年，他编著的《中国古代漆器》又由文物出版社与外文出版社以中、英文两种版本同时推出，此书被《中国工艺美术大辞典》评为"我国第一部按年代顺序编著的漆器图录"。这些著作，使王世襄几乎成为中国髹漆方面唯一的权威。

一、家具构件

[明嘉靖] 龙纹戗金细钩填漆柜门残件

尺　　寸　100厘米×62厘米，厚5厘米。
著　　录　王世襄著，《中国古代漆器》，图版58。
　　　　　王世襄著，《自珍集》，图版4.1，P94。
参　　阅　《俪松居长物——王世襄、袁荃猷珍藏中国艺术品》，Lot：1147。
文物传承　王世襄购自北京德胜门后海河沿。

品鉴　柜门以方格锦纹作地，朱漆格内填黑漆"卍"字纹，龙纹为红身黑鬣，饰以缠枝花纹，疏叶大花，柔枝回绕，又以火焰珠穿插其间。柜门右上方有一轮红日冉冉升起，显得格外活跃。王世襄从漆面剥落及断纹开裂处，观察了填漆色层的厚度。"龙身、花叶等面积较大部位，填漆后达1~2毫米"，而锦地框格的漆层很薄。

[明嘉靖] 龙纹戗金细钩填漆柜门残件

尺　　寸　100 厘米 ×62 厘米，厚 5 厘米。
著　　录　王世襄著，《中国古代漆器》，图版 58。
　　　　　王世襄著，《自珍集》，图版 4.2，P95。
参　　阅　《俪松居长物——王世襄、袁荃猷珍藏中国艺术品》，Lot：1148。
文物传承　王世襄购自北京德胜门后海河沿。

品鉴　柜门以方格锦纹作地，朱漆格内填黑漆"卍"字纹，龙纹为红身黑鬣，与另一件柜门的龙纹装饰用色相反，相映成趣。锦地上压花卉缠绕花纹，以火焰珠穿插其间。柜门左上方有一轮红日冉冉升起，显得格外活跃。

二、漆　箱

［明万历］缠莲八宝纹彩金象描金紫漆大箱

尺　　寸　66 厘米 ×66 厘米，高 97 厘米。

著　　录　王世襄著，《髹饰录解说——中国传统漆工艺研究》，P87。

王世襄著，《明式家具研究（图版卷）》，戌 19，P171。

王世襄著，《自珍集》，图版 8.2，P196。

参　　阅　《俪松居长物——王世襄、袁荃猷珍藏中国艺术品》，Lot：1138。

文物传承　20 世纪 50 年代中期，王世襄购自北京广渠门附近一古玩商家。

品鉴

此箱箱体形制硕大规整。王世襄在《髹饰录解说》中,最早述及此箱云:"漆地紫色,四面及盖顶以回纹作边饰,各绘莲纹十六朵,分作四排,以枝叶串联,每朵上承八宝(轮、螺、伞、盖、花、罐、鱼、肠)一件,金色分深浅。花蕊、花瓣用赤色金,球状花心及枝叶用正黄色金。"八宝分别用两种金色装饰,其中"双鱼鱼身用赤色金,鬐鬣用正黄色金。其他各宝也用两种金色分层次"。款在盖里,正中以泥金直书"大明万历年制"楷书款。花纹和金彩的做法比较繁复。"先在紫漆地上用漆作描绘,干后用黑漆钩纹理。两种不同的金彩,分两次贴上,最后在花纹上钩金色纹理。"

王世襄还提到:"箱前面正中有鼻纽,以备穿钉上锁,背面有铜铰链三枚,两侧面各有铜环,因箱盖无子口,所以在前面的鼻纽旁,各安桃形铜饰一枚,两侧各安铜饰三枚,目的在代替子口的作用。这是明代宫廷的做法,民间箱箧,尚未见过。"

盖有裂,底小伤。原有底座,已散失,底托后配。与明代同类大箱相比,此箱箱盖下未见有平屉痕迹,也无抽屉。

此箱制作规矩,漆工考究,历经400余年保存至今,极为难得。

[清中期或更早] 木胎加铜丝编织黑漆小箱

尺　　寸　45厘米×23.5厘米，高13.5厘米。

著　　录　王世襄著，《自珍集》，图版8.5，P199。

参　　阅　《俪松居长物——王世襄、袁荃猷珍藏中国艺术品》，Lot：1141。

文物传承　20世纪50年代，王世襄购自北京琉璃厂古玩店。

品鉴　此箱用薄木板制，边角用铜叶包镶，底面及里髹黑漆，断纹细致精美。立墙四面都露出铜丝编织，细密而形成独特的饰纹，"此为木板又附贴铜丝编织作胎骨的漆器"。(《自珍集》)

三、漆 柜

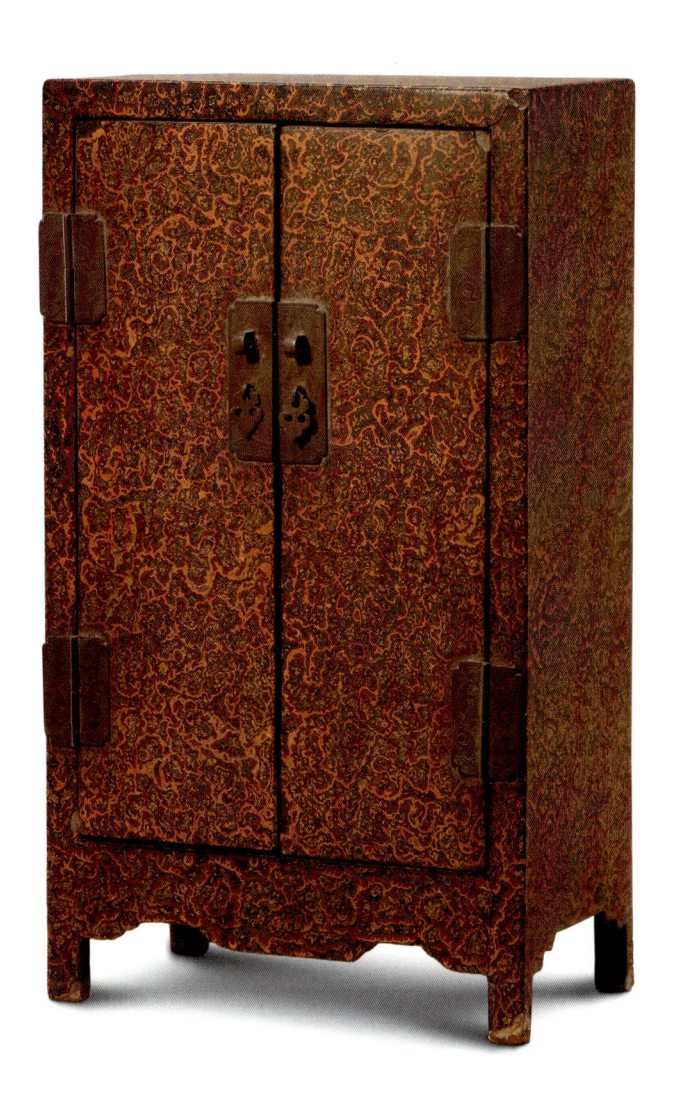

[明晚期] 犀皮漆小方角柜

尺　　寸　17.2 厘米 ×10 厘米 ×30.5 厘米。

参　　阅　《锦灰集珍——王世襄先生旧藏：王世襄先生藏工艺品》，Lot：3045。

文物传承　王世襄旧藏。

品鉴　此柜为"一封书"式无顶方角柜，四面平式，上下同大。柜门为硬挤门式，无闩。四边及中心镶长方委角合页、面叶，其上錾刻花卉纹。柜内髹光亮黑漆，以描花卉纹，璀璨亮丽。上部置抽屉两具，配铜吊牌。此柜外表光滑，色泽明亮，层次有致杂沓。

[清中期] 红漆描金小柜

尺　　寸　61厘米×33厘米×68厘米。

参　　阅　《锦灰集珍——王世襄先生旧藏：王世襄先生藏工艺品》，Lot：3041。

文物传承　王世襄旧藏。

品鉴　小柜有帽檐，顶部落膛做。正面红漆，描金绘蝴蝶纹。两开门，无闩杆。门上下两横枨描金梅花。门中心镶花形面叶。柜腿方材，饰花草纹。朱漆透露着喜庆吉祥，蝴蝶给人春意盎然之感。整件家具散发着浓浓的民间气息和历史感。

四、漆 盒

[明] 进狮图剔红圆盒

尺　　寸　径 8.1 厘米，高 4 厘米。

著　　录　王世襄著，《中国古代漆器》，图版 57。

王世襄著，《自珍集》，图版 4.3，P96。

参　　阅　《俪松居长物——王世襄、袁荃猷珍藏中国艺术品》，Lot：1146。

文物传承　1951 年 11 月 12 日，王世襄购自北京地安门白米斜街口纯古斋古玩店贾德林处。据称此盒由沙滩老虎洞志宅售出，志宅即珍妃家。

品鉴　此盒为锡胎，盒面微隆，米字锦地上刻一彪悍番人，高颧钩鼻，须发卷曲，耳穿大环，帽插雉尾，高扬两袖，做叱喝势。旁有一猛狮奋爪欲前，爪下踏一旗帜。盒面所绘应为"番人朝贡进狮图"。盒底刻"米"字锦地牡丹山石。堆朱不厚，镂刻层次颇多，非高手不能作。此盒当为宣德、嘉靖间制品，有小伤。一般的剔红漆盒绘花卉为多，而此盒则一面为人物，一面为花卉，较为少见。

[明] 红面犀皮圆盒

尺　　寸　径 23.9 厘米，高 12.5 厘米。

著　　录　王世襄著，《髹饰录解说——中国传统漆工艺研究》，P113。

　　　　　王世襄著，《中国古代漆器》，P69

　　　　　梁白泉主编，《国宝大观》，P422。

参　　阅　《俪松居长物——王世襄、袁荃猷珍藏中国艺术品》，Lot：1155。

文物传承　1951 年 2 月 18 日，王世襄购自北京地安门东不压桥德国古玩商吴履岱处。

流光溢彩

漆器篇

品鉴

此盒为皮胎，外表黑红相间，中稍夹暗绿色，朱漆里。犀皮漆是用稠漆在胎骨表面上堆起高矮不平的地子，再刷若干层不同的色漆，最后磨平。地子高出来的地方，在研磨后就露出不同漆层的断面，出现不规则却有韵律的绚丽花纹。

[明嘉靖] 烹茶扫石图剔红长方盒

尺　　寸　面 12.6 厘米 ×9.6 厘米。
著　　录　王世襄著，《自珍集》，图版 4.4，P97。
参　　阅　《俪松居长物——王世襄、袁荃猷珍藏中国艺术品》，Lot：1145。
文物传承　1951 年 8 月 6 日，王世襄购自北京琉璃厂萃珍斋。

品鉴

　　此盒为木胎，长方形，形制规整。盒盖顶面刻一高士倚石上，手托茶盏。两童子在前，右童踞地烹茶，左童举帚扫石，待高士作诗。这是明代常用的题材，人称"烹茶扫石"。盖之四侧面分别在"米"字地上剔刻茶花绶带、海棠绶带的图案，盒底刻有回纹一周。盒内有屉一层，连同盒里，均髹黑漆。屉上有印泥痕迹，则此盒当为贮置图章之用。漆盒构图朴拙，雕刻流畅。

[清] 云龙纹识文描金朱漆长方盒

尺　　寸　19.3厘米×10厘米，高4厘米。
著　　录　王世襄著，《自珍集》，图版4.11，P104。
参　　阅　《俪松居长物——王世襄、袁荃猷珍藏中国艺术品》，Lot：1160。
文物传承　王世襄旧藏。

流光溢彩 /漆器篇/

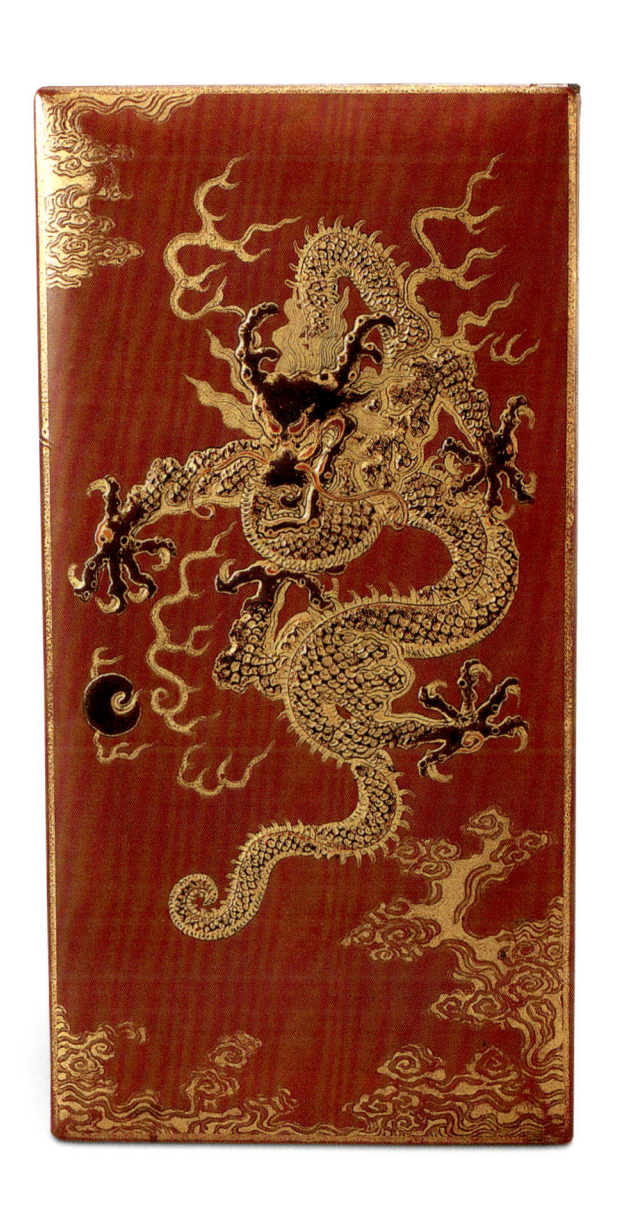

品鉴 此盒为木胎，紫红色地，漆艺受日本高莳绘的影响。盖面为一龙，做拿空势。以深紫色稠漆堆出龙头、鳞片、圆珠，描赤色金。高起处金已磨残，露出深色的底漆，与低处的浓金形成了鲜明对比。用漆平写鬐鬣、龙爪和火焰，描正黄色金并用黑漆钩纹理。又在盖面上下近边处平写云纹，用赤金画轮廓，正黄色金填空。

[清] 梅花纹镶甸黑漆册页盒

尺　　寸　24.5厘米×18厘米，高7.5厘米。
著　　录　王世襄著，《中国古代漆器》，图版100。
　　　　　王世襄著，《自珍集》，图版4.12，P105。
参　　阅　《俪松居长物——王世襄、袁荃猷珍藏中国艺术品》，Lot：1163。
文物传承　20世纪50年代，王世襄购自北京西单北大街路西旧书店。

品鉴

　　此盒为木胎。盖面正中用湘妃竹界出栏格，内甸嵌"宋杨补之梅谱，杭郡金农题"十一字。栏格外用甸壳镌成梅花，用紫色稠漆堆起枝干，花枝均高出漆面。盖面用类似瓷器"过墙花"的意趣，使花枝与四边立墙连续。《髹饰录》称嵌入漆器的壳片与漆面平齐的为"螺钿"；而贝壳经过镌刻，嵌后高出漆面的则称为"镌甸"。此盒采用"镌甸"工艺。据王世襄考证，"盒为扬州制品，时代应早于卢葵生，或出自其父辈卢映之之手"。（《自珍集》）

[清] 藤编髹漆长方盒

尺　　寸　34.5厘米×26.5厘米×8厘米。

参　　阅　《锦灰集珍——王世襄先生旧藏：王世襄先生藏工艺品》，Lot：3021。

文物传承　王世襄旧藏。

品鉴

此盒为藤编,长方形,风格古朴自然。外皮光润平滑,弹性极佳。色彩用原藤的黄色,但因年久,透出了浓郁的棕色包浆。底髹黑漆,中央最宽的一条剑形篾片上刻有"胜草斋"。

流光溢彩

/漆器 篇/

[清乾隆]荻浦网鱼图洒金地识文描金圆盒

尺　　寸　径13厘米，高4.6厘米。

著　　录　王世襄著，《髹饰录解说——中国传统漆工艺研究》，P154。

　　　　　王世襄著，《自珍集》，图版4.7，P100。

　　　　　梁白泉主编，《国宝大观》，P427。

参　　阅　《俪松居长物——王世襄、袁荃猷珍藏中国艺术品》，Lot：1159。

文物传承　1951年2月，王世襄购自北京琉璃厂振寰阁裴振山处。

流光溢彩 / 漆器篇 /

品鉴 此盒为皮胎，洒金地上用不同颜色稠漆堆起花纹，再施以多种色漆装饰，或堆饰，或平涂，或贴洒金粉。渔船贴金叶，渔夫用识文描金。盒侧面以花朵、蝴蝶为饰。由于多法并用，所以在《髹饰录》中属于"复饰"漆器。此盒明显受日本漆工艺的影响，细腻规整，典雅华丽。

[清乾隆] 瓜蝶纹洒金地识文描金葵瓣式捧盒

尺　　寸　径 39 厘米，高 13 厘米。
著　　录　王世襄著，《髹饰录解说——中国传统漆工艺研究》，P154。
　　　　　王世襄著，《自珍集》，图版 4.10，P103。
参　　阅　《俪松居长物——王世襄、袁荃猷珍藏中国艺术品》，Lot：1158。
文物传承　1951 年 2 月，王世襄购自北京琉璃厂振寰阁裴振山处。

流光溢彩 /漆器篇/

品鉴 此盒为木胎，在洒金地上用朱、黑两色稠漆堆瓜蝶纹。花纹或全部施金，或以金钩纹理。图案丰满，色彩华丽。经多年磨损，部分金彩脱落处露出下面的色漆，斑驳而有古趣。盒里亦为洒金地，描金绘折枝花卉。

[清中期] 瘿木漆葵瓣式香盒

尺　　寸　　径 15 厘米，通盖高 6.5 厘米。

著　　录　　王世襄著，《自珍集》，图版 4.13，P106。

参　　阅　　《俪松居长物——王世襄、袁荃猷珍藏中国艺术品》，Lot：1164。

文物传承　　1950 年 8 月 1 日，王世襄购自北京东华门宝润成。

品鉴　　此盒为木胎。边缘起线，圆盖上有纽，制作精致。漆面用鬃刷蘸不同色漆旋转涂成，纹理近似瘿木，故而得名。这是用简易的技法来模拟工序繁复的犀皮。

[清中期] 花鸟纹红细纹填漆黑漆椭圆盒

尺　　寸　长径 10.5 厘米，短径 7.5 厘米，高 5 厘米。
著　　录　王世襄著，《自珍集》，图版 4.14，P107。
参　　阅　《俪松居长物——王世襄、袁荃猷珍藏中国艺术品》，Lot：1162。
文物传承　王世襄旧藏。

品鉴　此盒为皮胎，朱色地，盒面饰牡丹纹，立墙饰水仙纹，长尾鸟飞翔其间。刻画纹饰后填各色漆，花纹淳朴，富有民间气息。据王世襄研究，此盒可能制自南方。

[清中期] 黑漆嵌螺钿山水人物方盒

尺　　寸　长 21 厘米，宽 19.5 厘米，高 2.5 厘米。

参　　阅　《锦灰集珍——王世襄先生旧藏：王世襄先生藏工艺品》，Lot：3028。

文物传承　王世襄旧藏。

流光溢彩

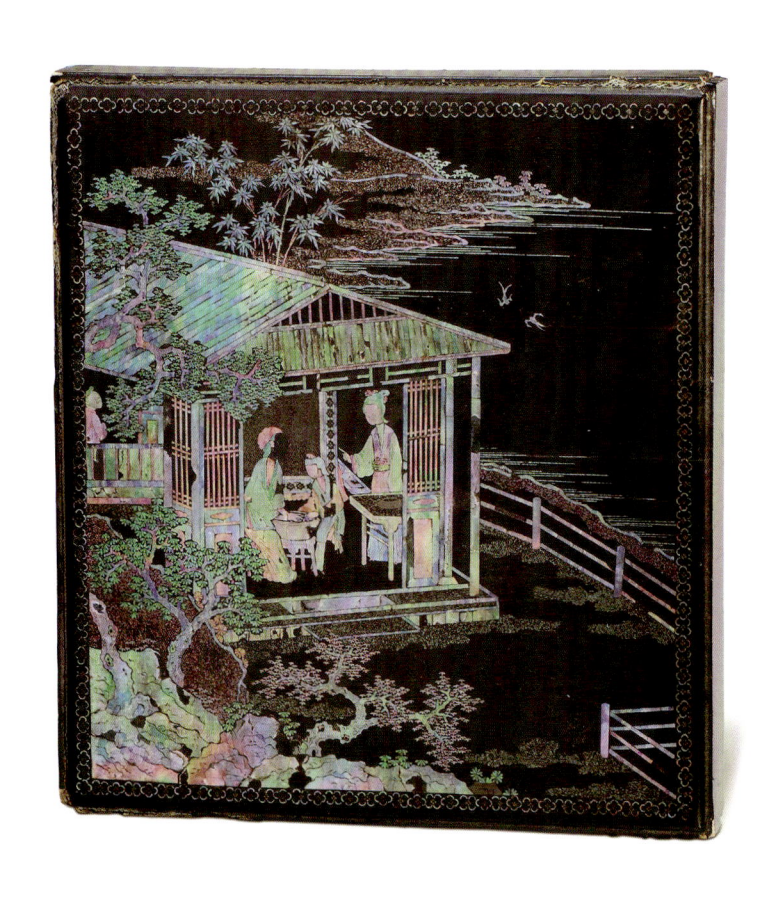

漆器篇

279

品鉴 此盒盒表髹黑漆，乌黑亮丽。盒盖四周以螺钿嵌一周花瓣纹，内拼山水人物图，和睦安详。图上半空中有两只家燕嬉戏，远处江水远去。整体风格淡泊宁静，与漆河的意趣相得益彰。部分漆皮已剥落。

[1957年] 多宝臣制三螭纹堆红圆盒

尺　　寸　径 16.7 厘米，高 6 厘米。

著　　录　王世襄著，《髹饰录解说——中国传统漆工艺研究》，P130。
王世襄著，《中国古代漆器》，图版 102。
王世襄著，《自珍集》，图版 4.19，112。

参　　阅　《俪松居长物——王世襄、袁荃猷珍藏中国艺术品》，Lot：1166。

文物传承　王世襄旧藏。

流光溢彩

漆器篇

品鉴　此盒为木胎，天盖地式。1957年多宝臣为向王世襄示范堆漆工艺而做此盒。盒面花纹以清初黄花梨三螭纹透雕圆片为底稿。具体制作工艺为："用退光漆加生漆及锭儿粉调成漆灰，在盒面堆起灰层，厚约8毫米。干后用刀雕花纹，随后通身上朱漆。"（《自珍集》）此盒构思精巧，螭身飘逸洒脱，风格古朴，令人赞绝。

[现代] 多宝臣制紫鸾鹊谱纹雕填兼描漆长方盒

尺　　寸　23厘米×16.2厘米，高6.7厘米。

著　　录　王世襄著，《中国古代漆器》，P116。

王世襄著，《自珍集》，图版4.18，P111。

参　　阅　《锦灰集珍——王世襄先生旧藏：王世襄先生藏工艺品》，Lot：3031。

文物传承　王世襄旧藏。

品鉴

盒面图案用宋缂丝紫鸾鹊谱花纹。具体制作方法，王世襄在《自珍集》中介绍说：

九朵绿色花萼，用填漆制成。其法为剔刻漆层，填入绿漆，干后磨平。其他花纹皆用彩漆描成。待全部花纹填毕描成，用钩刀沿花纹轮廓，钩刻纹路，通身打金胶，贴金箔。最后揩去漆面的浮金，只留下陷入纹路内的金，形成镶有阴文金边的彩漆花纹。由于花纹全有金边，一眼看去，不容易分辨出哪些花纹是填成的和哪些是描成的。正因两者区别不显著，故不论是填成的还是描成的，或填、描兼用的，一律被人称为"雕填"。

多宝臣（多善）是北京著名的蒙古族漆工。20世纪50年代，王世襄为注释《髹饰录》，曾拜其为师。此盒是多宝臣亲自示范之作，王世襄曾目睹各工序制作过程。

五、漆盘、漆碟、漆碗

[明] 缠枝莲纹嵌螺钿黑漆长方盘

尺　　寸　31厘米×19厘米，高4厘米。

著　　录　王世襄著，《中国古代漆器》，图版70。

　　　　　　王世襄著，《自珍集》，图版4.5，P98

参　　阅　《俪松居长物——王世襄、袁荃猷珍藏中国艺术品》，Lot：1156。

文物传承　王世襄旧藏。

品鉴　此盘为木胎，黑漆嵌牙黄色的螺钿，名为"砗磲钿"，嵌片厚约1.5毫米。盘中心开光，嵌八朵缠枝花，上承八宝。底足内髹朱漆。王世襄认为此盒"制作不甚精细而有厚拙粗犷之致，是一件标准的明代厚螺钿器"。(《自珍集》)盘有小伤。

[清] 雕填花鸟纹黑漆盘

尺　　寸　径22.2厘米，高2.4厘米。

著　　录　王世襄著，《自珍集》，图版4.9，P102。

参　　阅　《俪松居长物——王世襄、袁荃猷珍藏中国艺术品》，Lot：1161。

文物传承　1951年4月1日，王世襄购自杨英华处。

品鉴　此盘为皮胎，正面开光，锦地上饰芙蓉湖石翠鸟，盘边内外有云纹及锦地。以黑漆地上勾阴文花纹，花纹轮廓内分别髹饰朱漆、绿漆，形成绿叶红花，"卍"字锦地则髹黄漆。装饰花纹简洁大方。

[清康熙] 楚莲香嵌螺钿加金银片黑漆碟

尺　　寸　径 10.5 厘米，高 1.5 厘米。

著　　录　王世襄著，《髹饰录解说——中国传统漆工艺研究》，P146。
　　　　　王世襄著，《中国古代漆器》，图版 79。
　　　　　王世襄著，《自珍集》，图版 4.8，P101。

参　　阅　《俪松居长物——王世襄、袁荃猷珍藏中国艺术品》，Lot：1157。

文物传承　王世襄旧藏。

品鉴　此碟正面用划纹壳片和银点镶嵌的工艺，饰一执扇仕女。仕女云髻高绾，珠饰双垂，生动妩媚。衣衫及两袖壳色闪蓝，袖口闪红，长裙上用银片缀成小朵团花，内间钿壳圆点。飘带的正面用钿片，转折处则用金片。碟外边用金、银钿条组成一道锦纹。碟底嵌"楚莲香"三字及"修永堂"方印。此碟虽小，但却集合了嵌螺钿、贴金、银片等多种工艺。

[清中期] 木胎黑漆金彩牡丹纹盖碗

尺　寸　不详。
著　录　《中国嘉德 1997 年春季拍卖会》，Lot：515。
文物传承　王世襄旧藏。

品鉴

此碗为木胎，圆腹，高圈足，口沿外翻，碗形硕大沉稳，碗身和盖对称。通体黑漆地，金彩绘"卍"字纹、"寿"字纹和牡丹纹。内用金彩绘花卉纹。所绘纹饰艳丽工整。

六、漆 壶

[清道光] 卢葵生制角屑灰锡胎漆壶

尺　　寸　高 12.5 厘米。

著　　录　王世襄著，《中国古代漆器》，图版 102。
　　　　　王世襄著，《自珍集》，图版 4.16，P109。

参　　阅　《俪松居长物——王世襄、袁荃猷珍藏中国艺术品》，Lot：1165。

文物传承　1950 年 12 月 5 日，王世襄购自北京椿树胡同李鑫之处。

品鉴　此壶壶胎上敷掺有角质沙屑漆灰，有相当的厚度。漆灰磨平后，露出褐黑色漆地，其上有黄白色斑点，密而均匀，如璀璨繁星。壶一面刻四言铭文："读得意画，赏及时花。竹炉细煮，聊试新茶。"一面刻"坡雪斋茗具"五字，款署"小石铭，湘秋书，葵生刻"。壶有小伤。

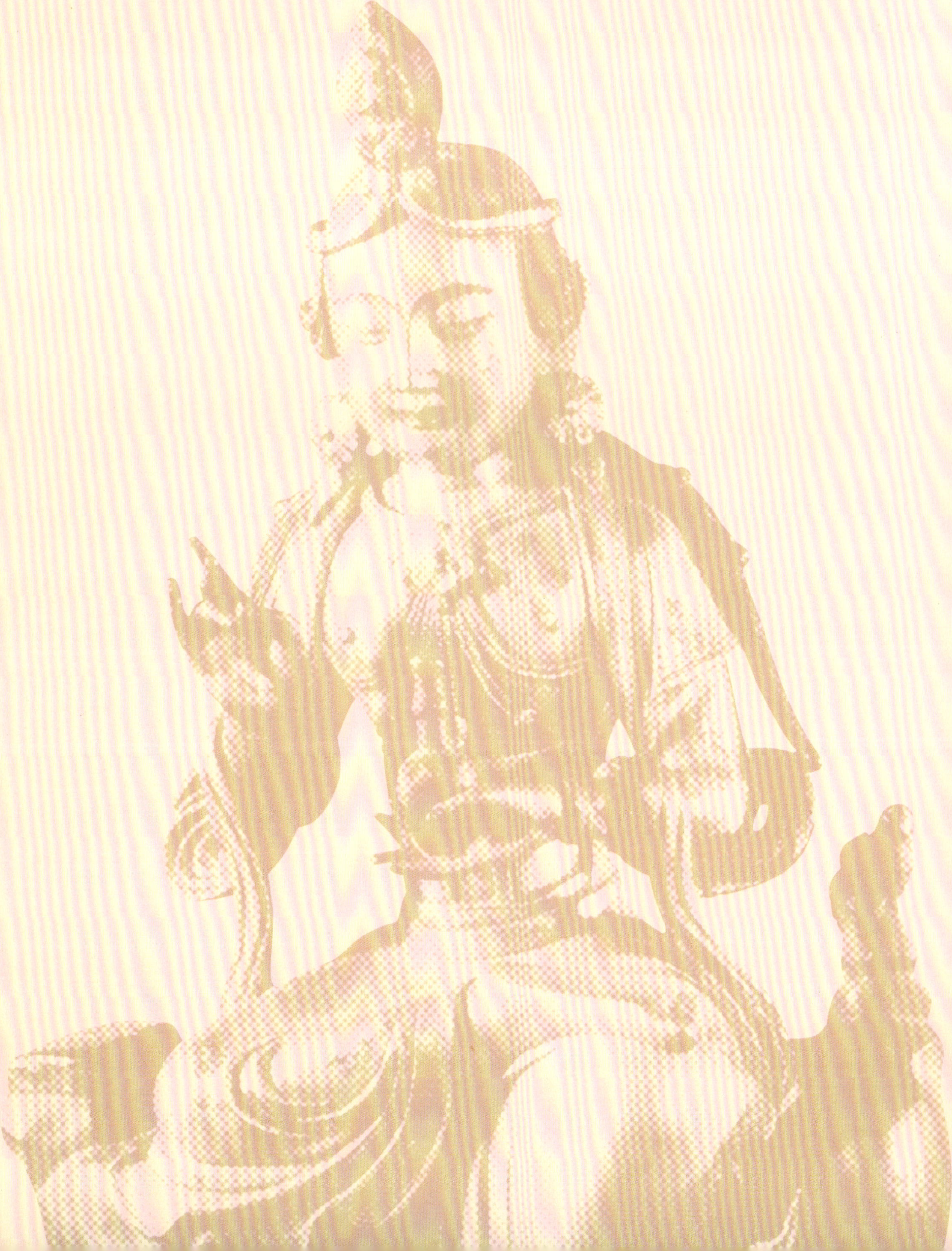

宝相庄严

造像篇

王世襄与造像

因为母亲金章笃信佛教，王世襄自幼便对佛教造像很有兴趣。但随着阅历和知识的增长，王世襄并没有成为一名佛教信徒，而是成为一位钟爱佛教造像艺术的专家。

20世纪50年代，在东直门内羊管胡同极乐庵住着一位名叫宋云普的老居士，他笃信佛教，常年四处搜求佛教雕像，当时供养在庵内的佛像有四五十尊。1950年12月11日，王世襄慕名前去拜访时，对一尊明代鎏金铜雪山大士像尤为心动。然而初次造访的王世襄，并没有贸然启齿求让，而是从宋云普居士处请回了一尊明代金髹木雕僧人像。

一年后的1951年12月21日，王世襄再次造访极乐庵时得知，那尊雪山大士像是宋云普居士多年前布施若干香火资费，从一座寺庙中请回来的。王世襄肃然地整理好衣衫，告诉宋云普，自己的母亲金章也是佛门弟子，如今虽然离世十年有余，但家中佛堂一直保持原状。他还说："久有祈求家中佛堂金光普照，法相庄严之意。为此恳求赐我此像，以偿夙愿。倘蒙俯允，铭感无涘，并当倍蓰当年香火之资，以表虔敬之忱。"

宋云普闻言深为感动，当即就答应了王世襄的请求。他取出一张洁白的纸，亲自将雪山大士像包裹好，然后郑重其事地交给王世襄，并一直送到极乐庵门外王世襄停放自行车的地方。

王世襄大喜过望，结果忘了佛家的忌讳，竟然倒转雪山大士像，就要装进自行车梁下的挎袋中。宋云普见状不禁大呼:"岂能如此不敬!"急忙把雪山大士像又倒转过来。王世襄这才醒悟,连说:"罪过!罪过!"然后急忙骑车而去,怕老居士怪罪他不够虔诚,索还雪山大士像。

王世襄虽然并非佛教信徒,但凭着自己对佛教艺术的热爱,他对佛教典故的了如指掌,对佛造像的鉴赏能力,却远非一般信徒所能比。

同年3月,王世襄又从天津劝业场古玩店购回了一尊明代金髹木雕雪山大士像。这尊雕像与那尊鎏金铜像可谓同时期同题材,但却因为雕刻家不同的理解而神态迥异。

雪山大士在佛典中是指释尊在过去世修菩萨道时,于雪山中苦行,绝形于深涧,不再重涉人间俗事。他一般是一位瘦骨嶙峋的老人,拳一足,两手扶膝,支撑下颌,正是深山独处、思维坐禅的样子。王世襄仔细比照了两尊雪山大士像,发现他们的姿态虽然差别不大,但风格和情致完全不同。对此,王世襄评述道:

这尊木雕金髹像,运刀爽利奔放,大胆而不逾越规度。无论是骨骼筋脉或衣裳褶纹的剔凿,都仿佛是运斤成风而不是精镂细琢的。面部的雕造,有高妙的手法。隆高的鼻准,向前探出的下颌,卷结堆积的眉髯,都相对地使眼睛陷得更深邃,两颊瘦得更枯癯,让人自然联想到他在太古沉寂的雪山,度过了无量的岁月。全身通饰金髹,只有眉髯在木地上略施本色漆灰,加强了毛发鬖鬖的感觉。这种技法也是值得提出的。

王世襄藏有一尊藏西古格铜释迦牟尼佛坐像。为了确定这尊铜像的制作年代和地区，他也下了一番功夫。

王世襄在谢门李（Sherman E.Lee）编印的《亚洲美术图集》（Asian Art from the Collection of Mr.and Mrs. John D.Rockefeller 3rd）所收录的造像中，发现了一尊美国洛克菲勒三世收藏的释迦牟尼佛像，两相比对，极为相似。由此，王世襄确定，两尊佛像是同一时代、同一地区的制品。不过，《亚洲美术图集》定佛像为11世纪缅甸所造，王世襄对此深表怀疑，遂向亚洲佛教造像权威帕尔博士（Dr. Pal Pratapaditya）请教。可惜，帕尔博士表示，此类佛教造像的产地至今未有定论。

后来，王世襄偶然在台北"故宫博物院"编印的新田集藏《金铜造像特展图录》中，发现第三章中有葛婉章女士撰写的一段文字，她认为此类造像深具克什米尔风格，是由11世纪后期藏西古格王国所造，其论述证据充分，使王世襄甚为信服。

再后来，2000年第三期《文物》杂志封面上刊登的一尊佛像深深吸引了王世襄。这尊佛像出土于古格王国遗址阿里皮央石窟杜康大殿，与他所藏的释迦牟尼佛铜坐像极为相像。

至此，王世襄所藏的这尊佛像是宋代藏西古格王国时的制品，已确凿无疑。

当然，在王世襄的藏品中，佛教造像虽然占了绝大多数，但也有道教造像，还有老人、童子像、太监像等。而早在1959年5月，王世襄便撰述并油印了一部《雕刻影集》，亦足见他在雕刻造像方面的造诣。

一、汉传佛教造像

北 魏

[北魏] 建义元年石造像

尺　　寸　通高 53.5 厘米，座 28.5 厘米 ×17 厘米。
著　　录　王世襄著，《自珍集》，图版 3.1，P46。
参　　阅　《俪松居长物——王世襄、袁荃猷珍藏中国艺术品》，Lot：1215。
文物传承　1959 年，王世襄得自朱翼庵夫人。

品鉴

　　石黄色，质地缜密厚重，有座和背光。佛右手作无畏印，左手垂膝上，法相庄严，面带微笑。面部小伤，座右侧面刻铭文如下：

　　　　大魏之世，健（建）仪（义）元年，岁在戊申七月丙辰朔十四日己巳，檀越主荡[辶羊]（荡逆）将军马、户尉常申庆，共妇女邑子仵（五）拾人等，造玉石像一躯，高二尺仵（五），上为皇帝陛下，中为[上横，左下"月"，右下"竹"右边]所亡父母，下为妻子眷属，复为一切众生，……

　　左侧面及背面刻供养人姓名（从略）。

　　建义元年为北魏孝庄帝元年，公元 528 年。

　　石像在近代多被盗凿偷运海外，国内传世的很少，且多有损伤。此像传世近 1500 年，且基本完好，非常罕见。

◆ 唐 ◆

[唐] 鎏金铜佛坐像

尺　　寸　高 8.3 厘米。

著　　录　王世襄著，《自珍集》，图版 3.3，P48。

参　　阅　《俪松居长物——王世襄、袁荃猷珍藏中国艺术品》，Lot：1167。

文物传承　1950 年，王世襄经北京烟袋斜街太古斋主人介绍，购得此像。

品鉴　此像身披袈裟，头耸高髻，衣褶圆婉饱满，自然简练。衣裙手势皆如常见坐佛。面部及手足铜色深黄，其余皆呈绿色。面部丰满，有唐遗风。长眉高挑，双眸凝视，肃穆虔诚。王世襄称"造像者似有意或无意融人相于佛相，堪称人天合一"。

[唐] 石雕菩萨头

尺　　寸　高 8 厘米。

著　　录　王世襄著，《自珍集》，图版 3.2，P48。

参　　阅　《俪松居长物——王世襄、袁荃猷珍藏中国艺术品》，Lot：1217。

文物传承　1950 年 12 月 5 日，王世襄购自北京永康胡同许以栗处。

品鉴　石色深黄，质细腻。石雕头可能取自胁像迦叶。刀法简练有力，双眉、额、口唇等重要部位的线条遒劲流畅，雕刻者可能未加思考，一凿而就，表现出迦叶的悲天悯人之心。可见雕刻者有高度自信，技法娴熟，故而雕像近乎完美。唐代佛像以雕工细腻和大件为多，而此像简练小巧，雕工完美，极为罕见。

五 代

[五代]青铜佛坐像

尺　　寸　高 17.5 厘米。
著　　录　王世襄著,《自珍集》, 图版 3.4, P49。
参　　阅　《俪松居长物——王世襄、袁荃猷珍藏中国艺术品》, Lot：1169。
文物传承　1996 年, 王世襄购自天津文物公司。

品鉴　此像具有浓郁的犍陀罗风格。佛相身躯健壮, 面容庄严。披袈裟, 作转法轮印, 跏趺坐大莲花座上。衣纹襞积, 随身起伏, 流畅逼真。背有隆起处, 当有背光, 已散失。莲座下残。

宝相庄严 / 造像篇 /

◈ 辽 ◈

[辽] 鎏金铜佛坐像

尺　　寸　高 12.3 厘米。

著　　录　王世襄著，《自珍集》，图版 3.8，P52。

参　　阅　《俪松居长物——王世襄、袁荃猷珍藏中国艺术品》，Lot：1173。

文物传承　王世襄旧藏。

品鉴　佛相眉目已锈蚀。衣裙贴身，虽然只有数道直纹，但却流畅有致。双层花瓣组成莲台，台下有壸门台基，这是辽代的典型制式。佛相手势独特，"乃中与无名两指拳屈相挨，小指互勾，食指伸直抵头顶，不知所结为何印"。(《自珍集》)

[辽] 铜观音坐像

尺　　寸　　高 12.3 厘米。

著　　录　　王世襄著，《自珍集》，图版 3.9，P52。

参　　阅　　《俪松居长物——王世襄、袁荃猷珍藏中国艺术品》，Lot：1176。

文物传承　　王世襄旧藏。

品鉴　　观音跏趺坐于莲座。两臂与身躯分铸，易脱落。冠饰亦残缺。眉目婉好，衣裙精美。

[辽] 铜八臂观音坐像

尺　　寸　高 9.5 厘米。
著　　录　王世襄著，《自珍集》，图版 3.10，P53。
参　　阅　《俪松居长物——王世襄、袁荃猷珍藏中国艺术品》，Lot：1175。
文物传承　王世襄旧藏。

品鉴　观音的八臂中仅有当胸两手结印，其余本各有所持，但因伤损较大，故难辨别所持何物。面部眉目高挑，愤怒强悍，而没有慈祥的面容。王世襄据此推测此或为密教观音像。

[辽] 青铜观音坐像

尺　　寸　高 15 厘米。

著　　录　王世襄著，《自珍集》，图版 3.11，P52。

参　　阅　《俪松居长物——王世襄、袁荃猷珍藏中国艺术品》，Lot：1177。

文物传承　王世襄旧藏。

品鉴　观音半跏趺坐于莲座上，左足下垂，以莲花相承。手势自然，眉目婉好，衣褶生动。

宋

[宋] 铜大日如来坐像

尺　　寸　高 20.2 厘米。
著　　录　王世襄著,《自珍集》,图版 3.5,P50。
参　　阅　《俪松居长物——王世襄、袁荃猷珍藏中国艺术品》,
　　　　　Lot：1170。
文物传承　20 世纪 50 年代,王世襄购自北京隆福寺内古玩摊。

> **品鉴**
>
> 此像铜质厚重,法相庄严。
>
> 像披袈裟,耸高髻,据王世襄所云与敦煌 384 窟唐供养菩萨所绘颇相似。面部和手足铜色深黄,其余皆为绿色,应该是因为所含金属不同而有色泽差异。股膝之间的衣褶线条圆婉饱满,而肘臂部分则用平面间凹面的方法来表现,两种处理手法协调统一,自然简练。
>
> 佛面部相当丰满,有唐代遗风,长眉高挑,斜入鬓角,双目凝视,表情严肃,是一种冷静观察与思考的神态。嘴唇闭拢,口角低凹,又表现出完成宏大心愿的坚定信念。
>
> 佛像手印所示,乃大日如来像,又名毗卢遮那。
>
> 此为宋铜佛像之上佳者,极为少见。

宝相庄严 ｜造像篇｜

[宋] 铜佛坐像

尺　　寸　高 11.8 厘米。

著　　录　王世襄著，《自珍集》，图版 3.6，P51。

参　　阅　《俪松居长物——王世襄、袁荃猷珍藏中国艺术品》，Lot：1168。

文物传承　王世襄旧藏。

品鉴　此像头颅丰硕，密布螺髻。闭目沉思，肃穆庄严。王世襄说此像"见像如见佛，绝无世人相"。(《自珍集》)

[宋] 鎏金铜僧人像

尺　　寸　高 4.8 厘米。

著　　录　王世襄著，《自珍集》，图版 3.7，P51。

参　　阅　《俪松居长物——王世襄、袁荃猷珍藏中国艺术品》，Lot：1172。

文物传承　1991 年，王世襄游山西平遥，购自村中的淘古物者。

品鉴　此为僧人参禅像。僧人长面大耳，面目已模糊，但仍能看出神情肃穆。袖手垂肩跏趺坐，只露出一足尖，可能没有着履。王世襄说此像"虽高仅寸许而颇具个性，不得以一般小造像而视之"。(《自珍集》)

[南宋] 鎏金铜观音立像

尺　　寸　高 23 厘米。
著　　录　王世襄著，《自珍集》，图版 3.12，P54。
参　　阅　《俪松居长物——王世襄、袁荃猷珍藏中国艺术品》，Lot：1174。
文物传承　1996 年，王世襄购自天津文物商店。

品鉴　此观音像眉目修长，面部丰满。头微前俯，神情淡泊宁静，像是在聆听芸芸众生的倾诉。胸前戴璎珞项环，长裙下垂。佛衣直坠到莲座。据王世襄观察，此像与台北"故宫博物院"编印的《金铜佛造像特展图录》图版 109 之元鎏金铜阿弥陀佛立像有许多相似之处。像有小伤。

明

[明] 错银铜观音菩萨像

尺　　寸　高 20.2 厘米。

著　　录　王世襄著，《自珍集》，图版 3.24，P64。

参　　阅　《俪松居长物——王世襄、袁荃猷珍藏中国艺术品》，Lot：1192。

文物传承　王世襄旧藏。

品鉴　此像中观音斜倚在一函佛经上，慈眉善目，面似微笑，神态娴静。发髻高绾，上插发簪，胸佩璎珞，身着衫裙。衣领襟、袖口、佛经函帙皆以银丝错缠枝花纹，精致细腻。像无款，或有款而为绿色锈层掩盖。

[明] 鎏金铜观音坐像

尺　　寸　高 33.5 厘米。
著　　录　王世襄著，《自珍集》，图版 3.15，P56。
参　　阅　《俪松居长物——王世襄、袁荃猷珍藏中国艺术品》，
　　　　　　Lot：1185。
文物传承　20 世纪 50 年代，王世襄购自北京东安市场内丹桂
　　　　　　商场路西古玩店。

> **品鉴**　此像中观音金身，本身以外铜质呈本色，坐石上，左足下垂，右足跏趺，腰纤细，面慈祥。衣带绕臂转折，从身下飘然而出。手指如兰吐蕊。此像令人联想到晚唐、两宋大如真人之木雕菩萨像，保存了前朝较多优美特征。原左侧佛经、右下角合掌童子均已散失。

宝相庄严 ／ 造像篇

[明] 鎏金铜雪山大士像

尺　　寸　　高 20.5 厘米。
著　　录　　王世襄著，《自珍集》，图版 3.17，P58。
参　　阅　　《俪松居长物——王世襄、袁荃猷珍藏中国艺术品》，Lot：1184。
文物传承　　1951 年 12 月 21 日，王世襄购自北京东直门内羊管胡同。

品鉴　　此尊铜像材质厚重，铸工考究，鎏金肥润。此像打破正常的身躯比例，方面长耳，头大异常。眉高起，在眉心与鼻准相连。颧骨突出，位置亦不寻常，偏下偏后。唇上无髭，但在口角外结成卷。王世襄云此像"容貌奇古而含蓄浑成，故趣味隽永耐人寻味"。雪山大士为元、明时期小型雕塑常见的题材，但此像打破常规，用夸张的浪漫主义手法，看似随意，实则求精。

宝相庄严 /造像篇/ 313

王世襄珍藏文物精粹

[明] 金髹木雕雪山大士像

尺　　　寸　高 34 厘米。

著　　　录　王世襄著，《髹饰录解说——中国传统漆工艺研究》，P83。
王世襄著，《中国古代漆器》，图版 60。
王世襄著，《自珍集》，图版 3.16，P57。

参　　　阅　《俪松居长物——王世襄、袁荃猷珍藏中国艺术品》，Lot：1149。

文物传承　1951 年 3 月，王世襄购自天津劝业场古玩店。

品鉴

雪山大士是指佛祖"在过去世修菩萨道时，于雪山苦行，绝形深涧，不涉人间"的苦修形象，"多为瘦骨嶙峋老人，拳一足，两手扶膝，支撑下颌，以状其深山独处，思维坐禅情景"。（《自珍集》）

此尊雕像刀法高妙奔放，大胆又不越矩。骨骼筋脉、衣裳褶纹的雕琢皆运斤成风；面部鼻准隆高，下颌前探，眉髯卷结堆积，使双目更显深凹，两颐瘦得更枯癯。

此像采用"金箔罩漆"工艺，通体饰金髹，打金胶，贴金箔，上罩透明漆，只有眉髯在木地上略施木色漆灰，增强毛发毿毿之感。大士像构思巧妙，工艺惊绝，堪称木雕漆像的典范，甚为难得。

[明] 金髹木雕布袋和尚像

尺　　寸　高 15.5 厘米。

著　　录　王世襄著，《自珍集》，图版 3.18，P59。

参　　阅　《俪松居长物——王世襄、袁荃猷珍藏中国艺术品》，Lot：1153。

文物传承　王世襄旧藏。

品鉴　此像木胎金髹，衣服纹路流畅，刀法纯熟。姿态采用同题材常见的样子，但面容为儿童脸，表现天真开朗的性格，与众不同。布袋和尚，俗称大肚弥勒佛，是明清时期民间喜闻乐见的人物题材，寓意吉祥富裕。像有伤。

[明] 紫漆木雕阿弥陀佛坐像

尺　　寸　高 20.5 厘米。

著　　录　王世襄著，《自珍集》，图版 3.19，P60。

参　　阅　《俪松居长物——王世襄、袁荃猷珍藏中国艺术品》，Lot：1151。

文物传承　王世襄旧藏。

品鉴　　像跏趺坐，两手结弥勒如来禅定印。佛头稍前倾，眉眼微凹，双目似闭非闭，静谧安详，表现出佛已入定，进入明心见性的境界。相比于面部，衣褶略刻板。金身紫漆。袍服罩金髹，多剥落，只有衣褶低洼处尚存金色，面、胸及手足紫漆，色浅细润，应是不同漆材、不等量色剂所产生的效果。

[明] 金髹木雕阿弥陀佛坐像

尺　　寸　高 31 厘米。

著　　录　王世襄著,《自珍集》, 图版 3.20, P60。

参　　阅　《俪松居长物——王世襄、袁荃猷珍藏中国艺术品》, Lot：1152。

文物传承　1950 年 12 月 29 日, 王世襄购自北京东四西大街耀华斋。

品鉴　此像面部修长, 身躯瘦窄, 莲座刻法简略, 打破了寻常比例, 清新脱俗。眉、目、口、唇等部位, 线条明快, 轮廓分明, 刀法锐利, 给人以爽朗之感。但其中又有含蓄, 生动之中见静穆庄严, 刀功之深可见一斑。

[明] 金髹木雕僧人像

尺　　寸　高 15.8 厘米。

著　　录　王世襄著,《自珍集》, 图版 3.21, P61。

参　　阅　《俪松居长物——王世襄、袁荃猷珍藏中国艺术品》, Lot : 1154。

文物传承　1950 年 12 月 11 日, 王世襄得自北京东直门内羊管胡同宋云普处。

品鉴　僧披袈裟, 纹饰繁缛, 若金线缀缉而成。胸下卷云地上绣翔凤。右肩圆光, 中有"月"字, 左肩及两膝作蟠龙图。漆有剥落。刻工不细, 但貌肃神完。

此像制作手法颇为与众不同, 据王世襄记述, 其"削木为胎, 胎上糊纤维长而柔韧之棉纸, 纸上敷白色泥子一层, 干透打磨平整后, 用沥粉堆出花纹。此后打金胶, 贴金箔, 罩透明漆。面部双手均髹黑色, 口唇染红, 眼内睛侧点白粉"。(《自珍集》) 这可能是为了再现僧人坐化的躯体 (即"肉身像")。

清

[清] 木雕无量寿佛坐像

尺　　寸　高 13.8 厘米。
著　　录　王世襄著，《自珍集》，图版 3.25，P65。
参　　阅　《俪松居长物——王世襄、袁荃猷珍藏中国艺术品》，Lot：1150。
文物传承　王世襄旧藏。

品鉴　此像木质，紫褐色，质地近沉香而较坚密，无香气。头戴佛冠，胸垂珠珞，臂配宝钏，端坐于莲座。两掌相叠于前，原托宝瓶，已散失。上身赤裸，下着薄裙。眉眼、口唇曲线圆婉，刻工精湛。此像应为宫廷制品，并受西藏佛像影响。佛身全身曾贴金罩漆，漆多已剥落。

宝相庄严 /造像篇/

王世襄珍藏文物精粹

322

[清乾隆] 金髹木雕十一面观音

尺　　寸　长 13 厘米，宽 9.2 厘米，高 27.7 厘米。
参　　阅　《锦灰集珍——王世襄先生旧藏：王世襄先生藏工艺品》，Lot：3032。
文物传承　王世襄旧藏。

品鉴　此像中观音合掌立于莲花座上，十一面，头戴佛冠，胸垂珠珞。头稍前倾，鼻准垂直，眉眼、口唇曲线圆婉。双目微闭，静谧超然。薄衣贴身，躯体毕露。木胎髹金，可见当初曾绚丽庄严。漆已摩残，木质亦有剥蚀。

二、藏传佛教造像

宋

[宋] 藏西古格铜释迦牟尼佛坐像

尺　　寸　高 12.5 厘米。
著　　录　王世襄著，《自珍集》，图版 3.27，P67。
参　　阅　《俪松居长物——王世襄、袁荃猷珍藏中国艺术品》，Lot：1171。
　　　　　《中国嘉德 2010 春季拍卖会：瓷器玉器工艺品》，Lot：2705。
文物传承　王世襄旧藏。

品鉴　此佛像天庭甚高，容貌古拙。衣裙蔽体处和肉身外露处，分别用紫铜和黄铜制成。坐垫正中雕兽面，左右叶片卷叠，花纹繁缛，座底中部饰男女供养人，左右分别列有象、狮，雕刻生动精致。王世襄以《文物》2000 年 3 期封面刊出的古格王国遗址出土的铜佛像做旁证，断定此应为 11 世纪后期藏西古格王国所造。

宝相庄严 /造像篇/

《 元 》

[元] 铜不空如来坐像

尺　　寸　高 32.4 厘米。

著　　录　王世襄著，《自珍集》，图版 3.28，P68。

参　　阅　《俪松居长物——王世襄、袁荃猷珍藏中国艺术品》，Lot：1183。

文物传承　20 世纪 60 年代初，王世襄购自北京东四万聚兴古玩店。

品鉴　像以浅黄铜铸成，头戴高冠，正中以衔花兽面组成繁缛华丽的图案。耳戴大环，左右绦带下垂后又与高冠相连。面相精湛圆润，表情含蓄，耐人寻味。双目用白银镶填，口唇以紫铜嵌填。左手施正定印，若释迦左手；右手当胸，向外略扬，作无谓印。此像风格明显受克什米尔影响，是 12 世纪至 13 世纪间藏西地区所制佛像中至精者。指有残缺。

[元] 金刚萨埵银铜双身像

尺　　寸　高 15.4 厘米。

著　　录　王世襄著，《自珍集》，图版 3.29，P69。

参　　阅　《俪松居长物——王世襄、袁荃猷珍藏中国艺术品》，Lot：1182。

文物传承　20 世纪 50 年代，王世襄购自北京崇文门外青山居。

品鉴

藏传佛教认为此像为释迦牟尼演讲密乘时呈现的身相，因而称为秘密主，为本初佛之一，后称为"金刚萨埵"。此像有男女双身。男像为金刚萨埵，银质，持铃杵。女像铜质，持斧钺、颅钵。银氧化，呈灰黑色。银铜双身十分罕见，更难得的是铸造如此精美。此像为 12 世纪至 13 世纪藏南地区所造，风格深受尼泊尔影响。

男尊高发髻，戴四叶冠。冠叶呈椭圆，有小孔，当为镶嵌金或黄铜饰件脱落后所留，冠前饰骷髅。男尊大耳珰，三目，呈愤怒相。右手托五杵金刚，左手握金刚铃，双手合作金刚吽迦罗印，跏趺坐。男尊双手环抱明妃，但常见状不同，双手没有在明妃身后交叉，而是上下安置。

明妃五叶冠。左臂靠在男尊右肩，托颅钵；右臂于男尊颈后，持金刚钺刀。双足环扣男尊腰部。双尊皆装饰项链、璎珞、臂钏等，男尊为银质，明妃为紫铜。

底座较薄，莲座下方镌藏文铭文一行。

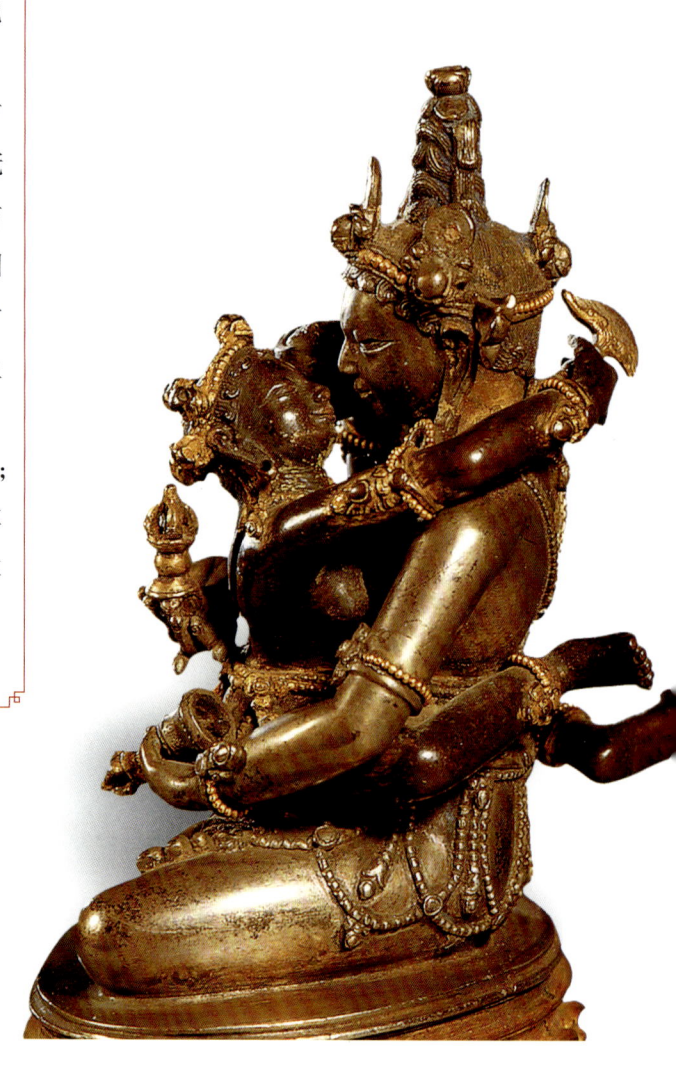

宝相庄严 /造像篇/

[元] 鎏金铜愤怒明王像

尺　　寸　高 7.1 厘米。

著　　录　王世襄著,《自珍集》,图版 3.30, P70。

参　　阅　《俪松居长物——王世襄、袁荃猷珍藏中国艺术品》, Lot: 1179。

文物传承　王世襄旧藏。

品鉴　　藏传密教男女双身像,立牛上,手持斧、钺、骷髅棒等。有背光。下设单层莲座。紫铜胎质,鎏赤金,积层甚厚,光泽饱满。此像造型圆浑雄厚,但雕工不精。

[元] 铜度母半跏趺像

尺　　寸　高 12.5 厘米。

著　　录　王世襄著，《自珍集》，图版 3.31，P70。

参　　阅　《俪松居长物——王世襄、袁荃猷珍藏中国艺术品》，Lot：1178。

文物传承　1996 年，王世襄购自天津文物商店。

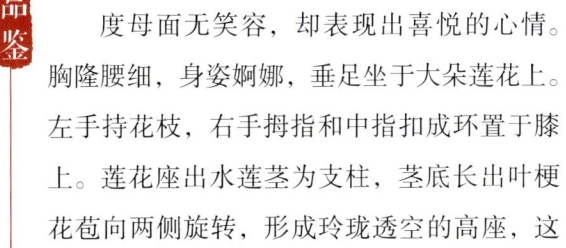

品鉴　度母面无笑容，却表现出喜悦的心情。胸隆腰细，身姿婀娜，垂足坐于大朵莲花上。左手持花枝，右手拇指和中指扣成环置于膝上。莲花座出水莲茎为支柱，茎底长出叶梗花苞向两侧旋转，形成玲珑透空的高座，这在藏传佛教中很少见。铜质紫色，通体涂金，膝部金粉剥落；发染蓝色。

明

[明] 鎏金铜宝藏王雨宝佛母像

尺　　寸　高 4.3 厘米。

著　　录　王世襄著，《自珍集》，图版 3.32，P71。

参　　阅　《俪松居长物——王世襄、袁荃猷珍藏中国艺术品》，Lot：1180。

文物传承　20 世纪 60 年代初，王世襄购自北京隆福寺古玩摊。

品鉴　　男像为藏传宝藏王，体肥硕，张口大笑，左手握一鼠，右手托一颗牟尼珠。女像是雨宝佛母，纤腰，眯眼，笑而未纵，左手执象征谷实的穗，右手低垂。宝藏王与雨宝佛母并坐莲座，半跏趺，自然不拘谨，俗称财神像。

[明] 鎏金铜文殊师利像

尺　　寸　高4厘米。

著　　录　王世襄著,《自珍集》, 图版3.33, P71。

参　　阅　《俪松居长物——王世襄、袁荃猷珍藏中国艺术品》, Lot：1196。

文物传承　王世襄旧藏。

品鉴　此像小巧精致,虽然高仅寸许,却有寻丈之势。丰腴圆润,有唐代雕刻遗风。左臂向下,飘带上转。右臂举剑,飘带自上臂垂下。王世襄以为"如此处理,不仅加强装饰趣味,并增添流动效果。可见小型藏传造像,各部位间之开合呼应亦不辞意匠经营也"。(《自珍集》)后王世襄得一枯木台座,用以供养,别有趣味。

[明] 鎏金铜金翅鸟王背光

尺　　寸　通高 26.5 厘米，鸟高 14 厘米。

著　　录　王世襄著，《自珍集》，图版 3.34，P72。

参　　阅　《俪松居长物——王世襄、袁荃猷珍藏中国艺术品》，Lot：1186。

文物传承　1951 年 7 月 1 日，王世襄购自北京东安市场丹桂商场马姓古玩摊乐天商行。

品鉴

此金翅鸟王和龙身飞天为佛像背光饰件，铜质考究，铸造精美。

金翅鸟王，梵名迦楼罗。据《华严经·智度论》等佛典称，其往往飞行虚空，以清净眼观察大海龙宫，有诸龙命应尽者，以翅搏开海水，取而食之。这种辟海取龙的传说，象征着佛接引众生之意。而此件中金翅鸟王和其脚下的龙身飞天，正是源自于此。

两飞天回身向外，朝外一臂弯屈，朝内一臂擎举。十指纤柔，眉目秀朗，身姿伸展屈曲不失气势，而又于其间见妩媚。头后昂然挺立三具蛇首，有印度遗风。腰际以下，龙身蟠蜿，随其生出火焰般的花叶。

因龙身有榫，鸟尾有穿，古鸟王可以安装于飞天之上。鸟王居于正中，展翅张臂，有搏风扶摇之势。鸟首上花叶华丽，与飞天的火焰花叶相呼应，成饰件的顶巅。

金翅鸟王和飞天已与主像分离，但构思巧妙，工艺精湛，富丽庄严，堪称完美动人，实为罕见。

[明] 石雕喜金刚像

尺　　寸　高 20.3 厘米。
著　　录　王世襄著，《自珍集》，图版 3.35，P74。
参　　阅　《俪松居长物——王世襄、袁荃猷珍藏中国艺术品》，Lot：1216。
文物传承　1951 年 5 月 31 日，王世襄购自古董商北京中山公园义卖会。

品鉴

喜金刚为藏传萨迦派最崇敬的佛祖。男相八面一十六臂,手托盛有跏趺坐小佛、马、象、羊等的颅器,胯下垂骷髅。女相身披璎珞,一手托颅器,一手执杵。像下有莲座,座上躺卧四神,承喜金刚之足。像后背光,正面浅雕阴文火焰,中部凿空。背光正中刻藏文"唵嘛呢叭咪吽"六字真言。

金刚像大多为铜铸,石刻者极为罕见。此尊雕工精湛细致,更为极品。王世襄认为"非出于信仰虔诚,不可能有此累月穷年,耗尽目力精神之制"(《自珍集》)。

北京古董商为支援抗美援朝,假中山公园举行义卖会,王世襄于此以 50 万得之。

[明] 青铜米拉日巴尊者像

尺　　寸　高 15.2 厘米。

著　　录　王世襄著，《自珍集》，图版 3.36，P76。

参　　阅　《俪松居长物——王世襄、袁荃猷珍藏中国艺术品》，Lot：1195。
　　　　　《玩物适情——名家收藏集珍》，Lot：4644。

文物传承　1950 年 12 月 17 日，王世襄得自北京地安门大街宝聚斋。

宝相庄严 / 造像篇 /

品鉴 此像为青铜铸造。身躯向左倾斜，重心在左股和按几左手。右股拳起，膝承右肘。头微倾，右手掩耳和鬓角。唇薄鼻高，眉清目朗，端庄大方。单衣外露右臂前胸，下襟贴身。雕工细致流畅，表现出肌体的富有弹性，织物的细薄柔软。身材均称，生动逼真，具生人性灵。以坐几锦垫为佛座，覆以羊皮，雕琢生动细致。王世襄据一手掩耳仪轨，推知此像为北宋年间西藏著名圣哲米拉日巴尊者。

[明] 青铜释迦牟尼佛坐像

尺　　寸　高 25.4 厘米。

著　　录　王世襄著,《自珍集》,图版 3.38, P79。

参　　阅　《俪松居长物——王世襄、袁荃猷珍藏中国艺术品》, Lot: 1191。

文物传承　王世襄旧藏。

品鉴　此像左手掌心向上托起,置于两足相交处；右臂下垂,手搭右膝间。这是释迦牟尼最常见的仪轨,于平常中见神采。薄衣贴身,几无文饰。躯体圆浑起伏。手指柔润灵巧。面相祥和超然,给人以恬静安详之感。

[明早期] 红铜度母半跏趺像

尺　　寸　高 18 厘米。
著　　录　王世襄著，《自珍集》，图版 3.39，P80。
参　　阅　《俪松居长物——王世襄、袁荃猷珍藏中国艺术品》，Lot：1197。
文物传承　1996 年，王世襄购自天津文物商店。

品鉴　度母坐高莲座上，右足垂下，受花承托。身微左倾，左肩略高于右，取势又微向右仄，塑造出人体的曲线之美。腰下着薄裙，嵌精美金饰，正面裙褶饰以圆点。腿股间为回旋条蔓，上生花朵。右手原持花枝，已断失。此为明早期西藏地区所造。

[明] 红铜度母半跏趺像

尺　　寸　　高 12.5 厘米。

著　　录　　王世襄著，《自珍集》，图版 10，P80。

参　　阅　　《俪松居长物——王世襄、袁荃猷珍藏中国艺术品》，Lot：1198。

文物传承　　1996 年，王世襄购自天津文物商店。

品鉴　铜呈紫色。度母坐高莲座上，右足垂下，受花承托。右臂下垂置于膝上，左臂手上举。两手均有花枝自掌中出，随臂而上，花蕾分傍肩头，左右相映。左足搭右股，不贴莲座，甚是罕见。胸隆腰纤，女性特色突出。脑后以箍束法，形如大头椎槌，搭在背上，极为奇特。

[明] 鎏金铜尊者像

尺　　寸　　高 13 厘米。

著　　录　　王世襄著，《自珍集》，图版 3.41，P81。

参　　阅　　《俪松居长物——王世襄、袁荃猷珍藏中国艺术品》，Lot：1188。

文物传承　　20 世纪 60 年代，王世襄购自北京打磨厂青山居。

> **品鉴**　此像铜质缜密，鎏金完好。像作转法轮手印，戴有编织纹理、不出尖的僧帽。或认为是宗喀巴像，但王世襄据僧帽特点认为，应为尊者像。神态安详，衣纹繁密。单层莲化座下有藏文两匝。此像为藏传金铜佛像之上乘者。

[15世纪] 鎏金铜费卢波像

尺　　寸　高 16 厘米。

著　　录　王世襄著，《自珍集》，图版 3.37，P78。

参　　阅　《俪松居长物——王世襄、袁荃猷珍藏中国艺术品》，Lot：1187。

文物传承　20世纪50年代，王世襄购自北京烟袋斜街庙内东庑古玩商家中。

品鉴　费卢波是佛教和印度教共同供奉的大成就者。此像左臂斜举，食指伸出，末节勾起；右手托颅器。半跏趺、半蹲踞于莲座兽皮上。双目大睁，眼珠怒凸，两眉紧蹙，胡须卷曲，身体壮硕，个人以威武勇猛之感，与唐宋雕刻中之天王力士有异曲同工之妙。此像是15世纪藏中地区金铜造像的佼佼者。

清

[清] 鎏金铜喇嘛像

尺　　寸　高 17.8 厘米。

著　　录　王世襄著，《自珍集》，图版 3.45，P84。

参　　阅　《俪松居长物——王世襄、袁荃猷珍藏中国艺术品》，Lot：1189。

文物传承　20 世纪 60 年代，王世襄购自北京东四西大街万聚兴葛姓古玩店。

品鉴　此像面如满月，微笑。颧骨高，是蒙古族特征。手指弯屈自如，生动逼真。头戴尖顶高帽，王世襄据此认为可名之为宗喀巴像。但年代较晚，故当为蒙古喇嘛写真像，其一定程度上受扎纳巴扎尔铸造艺术影响。

[清] 鎏金铜喇嘛像

尺　　寸　高 11 厘米。

著　　录　王世襄著，《自珍集》，图版 3.44，P83。

参　　阅　《俪松居长物——王世襄、袁荃猷珍藏中国艺术品》，Lot：1190。

文物传承　王世襄旧藏。

品鉴　紫铜胎鎏金，棱角高起处，金已磨损。喇嘛两颊、额角较高，两眼间距较大，具备藏族人面貌特征。像戴高冠。袍服以锦条缀成，层次分明，衣纹自然流畅。据此可知为地位崇高的西藏喇嘛像。王世襄认为"此尊形神兼备，一望而知是真实人物像"。（《自珍集》）

三、各国佛教造像

印 度

[11世纪] 印度青铜菩萨半跏趺像

尺　　寸　高 14.5 厘米。
著　　录　王世襄著,《自珍集》,图版 3.46,P85。
参　　阅　《俪松居长物——王世襄、袁荃猷珍藏中国艺术品》,Lot:1252。
文物传承　1996 年,王世襄购自天津文物商店。

品鉴　此像额阔目深,鼻端有钩,颇具印度特色。像比例适度,形态自然,灵巧而不失凝重,秀丽又不失庄严,由此可见制像者乃一高手。冠髻、项环、臂钏、腰带均嵌紫色琉璃珠;裹身轻纱,平列菱纹,相间镶白银、紫铜。工艺与用料讲究如此。左手四五两指已折,所持花枝散失。

[12世纪]印度青铜佛立像

尺　　寸　高 18.4 厘米。

著　　录　王世襄著,《自珍集》,图版 3.48,P87。

参　　阅　《俪松居长物——王世襄、袁荃猷珍藏中国艺术品》,Lot:1251。

文物传承　20 世纪 60 年代,王世襄购自北京东琉璃厂古玩店。

> **品鉴**　像眉目细部已不清晰,但仍见其含蓄之美。身体略向右偏,闲逸自若。衣带在股间围绕,垂直莲座,流畅婉转,与身体的曲线相得益彰。铜锈层薄而实,绿色相间,富有古趣。王世襄据造型与制作特点,推断为 12 世纪东印度的制品。

[不详] 印度石雕十一面观音像

尺　　寸　高 12 厘米。
著　　录　王世襄著，《自珍集》，图版 3.47，P86。
参　　阅　《俪松居长物——王世襄、袁荃猷珍藏中国艺术品》，Lot：1218。
文物传承　1951 年 6 月 23 日，王世襄购自王执中处。

> **品鉴**　像石质为淡黄色，略有透明感。观音共十一面。最上一面有伤。顶端第二面张牙怒目，威慑邪恶。其余十面为女相。像有八臂，手中持花朵、珠串等物。正中应有双臂两手合掌，惜断折。莲座右有一猿猴，吻佛垂手，祈求接引。莲座为仰俯莲，卷草纹，花叶丰腴，具有印度风格。

尼泊尔

[14世纪] 尼泊尔铜菩萨像

尺　　寸　高14.7厘米。

著　　录　王世襄著，《自珍集》，图版3.50，P88。

参　　阅　《俪松居长物——王世襄、袁荃猷珍藏中国艺术品》，Lot：1249。

文物传承　王世襄旧藏。

品鉴　像中菩萨半跏趺坐，戴三瓣花冠，顶耸高髻，发辫由髻旁下垂至肩，配项环、臂钏等，斜披袈裟，上身大部外露，身下为巨大莲座。神情严肃而挺秀，富有青春活力，佛像中为罕见。

[不详] 尼泊尔鎏金铜度母立像

尺　　寸　高 23 厘米。
著　　录　王世襄著，《自珍集》，图版 3.51，P89。
参　　阅　《俪松居长物——王世襄、袁荃猷珍藏中国艺术品》，Lot：1247。
文物传承　20 世纪 50 年代后期，王世襄购自北京打磨厂青山居古玩店堆房。

> **品鉴**　此为极标准的尼泊尔度母像，海外称为 Tara。此像右臂自然下垂，手掌自然舒展；左手本握有莲萼，已散失。身躯微仄，体态婀娜，塑造出女性之美。服饰镶珍珠、松石等，绚丽夺目。

[不详] 尼泊尔鎏金铜财天像

尺　　寸　高 12 厘米。

著　　录　王世襄著,《自珍集》, 图版 3.52, P90。

参　　阅　《俪松居长物——王世襄、袁荃猷珍藏中国艺术品》, Lot：1248。

文物传承　20 世纪 50 年代后期, 王世襄购自北京打磨厂青山居古玩店堆房。

品鉴　此像为财富之神, 西方学者称为 Vasudhara, 女性, 六臂, 手持宝瓶、谷实、经卷、珠宝等。制作极精良, 面容秀丽, 服饰华丽, 又以绯色玻璃镶嵌于錾镂处, 金光耀眼夺目。王世襄以为完美如此者极为罕见。

缅 甸

[11世纪] 缅甸青铜佛立像

尺　　寸　高 17 厘米。
著　　录　王世襄著,《自珍集》,图版 3.49,P87。
参　　阅　《俪松居长物——王世襄、袁荃猷珍藏中国艺术品》,Lot：1250。
文物传承　20 世纪 60 年代,王世襄购自北京东琉璃厂古玩店。

品鉴　此像右手作无畏印；左手执衣角,垂出掌心如鹿耳,作授记印。身披薄氅,给人超然出世之感。此类立佛造像,起源于印度。此像亦深受印度影响,又具有自身的优美特点,与缅甸蒲甘出土的 11 世纪青铜立像相似。

日 本

[12世纪] 日本鎏金铜转法轮佛坐像

尺　　寸　15厘米。
著　　录　王世襄著，《自珍集》，图版3.53，P91。
参　　阅　《俪松居长物——王世襄、袁荃猷珍藏中国艺术品》，Lot：1253。
文物传承　20世纪60年代，王世襄购自北京琉璃厂东门古玩店。

品鉴　像中佛披袈裟，浅雕六瓣团形花纹。下露袍服，浅雕缠枝花纹。两手当心，一仰一俯，为转法轮手印。面相饶有古趣，显日本风格。具两眼高隆，眯成直缝，无弯曲起伏，眉眼甚近。眉近发际，前额短促。口微张，似说法。跏趺而坐，上身长，膝扁薄，是日本佛像的特点。背和下部邻边有穿孔小鼻，原有背光和台座。

四、道教造像

[明] 铜真武大帝坐像

尺　　寸　高 23 厘米。
著　　录　王世襄著，《自珍集》，图版 10，P55。
参　　阅　《俪松居长物——王世襄、袁荃猷珍藏中国艺术品》，Lot：1193。
文物传承　20 世纪 60 年代初，王世襄购自北京隆福寺古玩摊。

品鉴　此像精美壮伟，内含英武之气，甲胄鲜明犀利，袍服衣褶自然，边缘錾凿精致。衣服上的龙纹怒鬣长喙，是明代早期的风格。明成祖朱棣曾封真武为"北极镇天真武玄天上帝"，在全国广泛建庙。因而传世的真武像颇多，但如此像水平者绝少。

王世襄珍藏文物精粹

356

[明]青铜张仙像

尺　寸　高49厘米。

著　录　王世襄著，《自珍集》，图版3.22，P62。

参　阅　《中国嘉德·俪松居长物——王世襄、袁荃猷珍藏中国
　　　　　艺术品》，Lot：1199。
　　　　《雅玩清赏——文房工艺品》，Lot：3860。
　　　　《秋物熙华——活水居藏文房清供》，Lot：6113。
　　　　《案上云烟——文房雅玩》，Lot：4718。

文物传承　20世纪50年代，王世襄购自北京地安门古玩店。

品鉴

人物面容丰腴，面部宽平，神情安逸自得，气宇轩昂。头戴如意冠，帽后自然垂下巾角和飘带。飘带长而搭至两肩。身着长袍，袒胸露双重内衣衣襟。腰间扎带，挂佩饰。足穿长靴。四肢粗壮，肌肉饱满，细部刻画精致。右手向上弯曲，三指捻弹丸；左臂或持弹弓，已失。衣纹的处理方式采取明代中原地区的表现手法，整体结构匀称，造型大方，有明显的汉人审美特征。

据王世襄推测，此应为张仙像。关于张仙的传说有很多。据《历代神仙通鉴》记载，张仙是五代时期的道士，名张远霄。在巴蜀道教名山青城山修道成仙，擅长弹弓绝技。也有记载说宋灭后蜀，蜀主孟昶降宋暴死，其妻花蕊夫人思念夫君，遂绘其像，对宋太祖赵匡胤谎称是蜀中张仙神。

五、其他造像

[元] 铜童子立像

尺　　寸　高 24.5 厘米。
著　　录　王世襄著，《自珍集》，图版 3.13，P54。
参　　阅　《俪松居长物——王世襄、袁荃猷珍藏中国艺术品》，Lot：1181。
　　　　　《雅玩清赏——文房工艺品》，Lot：3858。
　　　　　《中国古董珍玩日场》，Lot：8165。
文物传承　王世襄旧藏。

品鉴　此像为铜质，童子身穿圆领袍，足登束带穿靴，自头顶正中发分左右，绾成双髻垂于肩上。面貌开朗饱满，神情稚朴。身体微微前欠，拱手立于平座上。袍上曾髹金漆，已脱落。王世襄据其姿态推测，此像原为一组铜像中之侍像，装束与四川华阳保和乡元墓出土男俑相似。

宝相庄严 /造像/

[明]青铜太监像

尺　　寸　高 31 厘米。
著　　录　王世襄著，《自珍集》，图版 3.23，P63。
参　　阅　《俪松居长物——王世襄、袁荃猷珍藏中国艺术品》，Lot：1194。
文物传承　20 世纪 60 年代初，王世襄购自北京荣宝斋。

品鉴

　　王世襄据服饰推断，此为明代有权势之太监像。此像头上有冠，冠两侧原有上翘双翼，后断折，磨成现状。右手食指微翘，左袖飘然回曳，一派悠闲而高傲的样子，这是此像的传神之处。

[清] 石雕老人像

尺　　寸　高 26 厘米。

著　　录　王世襄著，《自珍集》，图版 3.26，P66。

参　　阅　《俪松居长物——王世襄、袁荃猷珍藏中国艺术品》，Lot：1219。

文物传承　20 世纪 50 年代初，王世襄得自吴炳文处。

品鉴　像为石质，老人坐于磐石之上，面有长须，鼻准垂直丰满，目细小似失比例。面部的起伏，表现出皮肉的松弛感。脑后垂发辫，项间隆起有褶。身着酱色四爪团龙纹袍。一肘倚书，函上签题"百寿图"。雕工精湛，运刀如用笔皴擦，与颜色渲染相结合，似借鉴了画像的写真手法。石座断裂。

玲珑万象

杂项篇

王世襄与诸艺玩具

众所周知，王世襄是个大玩儿家，无论是秋斗冬怀，架鹰驯狗，还是飞鸽葫芦，他都爱玩儿、会玩儿，总能玩儿出个门道来。

王世襄从小就喜欢斗蛐蛐，他曾在《秋虫篇》里回忆过自己高中时抓蛐蛐的经历：

立秋刚过的一天，一大早出了朝阳门。顺着城根往北走，东直门自来水塔在望。三里路哪经得起一走，一会儿来到水塔东墙外，顺着小路可直达胡家楼李家菜园后身的那条沟。去年在那里捉到一条蛐蛐，八厘多，斗七盆没有输，直到封盆。忘了今年雨水大，应该绕开这里走，面前的小路被淹了，漂着黄绿色的沫子，有六七丈宽，南北望不到头。只好挽挽裤腿，穿着鞋，涉水而过。

李家菜园的北坡种了一行垂柳，坡下是沟。每年黄瓜拉了秧，抛入沟内。蛐蛐喜欢在秧子下存身。今年使我失望了，沟里满满一下子水，柳树根上有一圈圈黄泥痕迹，说明水曾上了坡，蛐蛐早已乔迁了。

傅老头说："沟里有了水，咱们坡上逮。"他是捉蛐蛐能手，六十多岁，在理儿，抹一鼻子绿色闻药，会说书，性诙谐，下乡住店，白天逮蛐蛐，夜晚开书场，人缘好，省盘缠，逮回来的蛐蛐比年轻人逮的又大又好，称得起是一位人物。他的经验我是深信不疑的。

来到西坝河小庙，往东有几条小路通东坝河。路两旁是一人来高的坡子。我侥幸地想，去年干旱，坡上只有小蛐蛐，今年该有大的了。

坡上逮蛐蛐，合乎要求的姿势十分吃力。一只脚踏在坡下支撑身子，一只脚蹬在坡中腰，将草踩倒，屈膝六十度，弯着腰，右手拿着罩子等候，左手用扇子猛扇。早秋蛐蛐还没有窝，在草中藏身，用不着扦子，但四肢没有一处闲着。一道坡三里长，上下都扇到，真是太费劲了。最难受的是腰。弯着前进时还不甚感觉，要是直起来，每一节脊椎都酸痛，不由得要背过手去捶两下。

坡上蛐蛐不少，但没有一个值得装罐的。每用罩子扣一个，拔去席篓管子核塞子，一口气吹它进去。其中倒有一半是三尾。

我真热了，头上汗珠子像黄豆似的滚下来，草帽被浸湿了，箍得头发涨。小褂湿了，溻在身上，裤子上半截是汗水，下半截是露水，还被踩断的草染绿了。我也感到累了，主要是没有逮到好的蛐蛐，提不起神来。

我悟出傅老头的话，所谓"坡上逮"，是指没有被水淹过的坡子。现在只有走进庄稼地了。玉米地、谷子地都不好，只有高粱夹豆子最存得住蛐蛐。豆棵子经水冲，倒在地面，水退后，有的枝叶和黄土粘在一起，蛐蛐就藏在下面，找根棍一翻，不愁它不出来。

日已当午，初秋的太阳真和中伏的那样毒，尤其是高粱地：土湿叶密，潮气捂在里面出不去，人处其中，如同闷在蒸笼里一般，说不出那分难受。豆棵子一垄一垄地翻过去，扣了几个，稍稍整齐些，但还是不值得装罐。忽然扑的一声，眼前一晃，落在前面干豆叶上，黄麻头青翅壳，六条大腿，又粗又白。我扑上去，但拿着罩子的手直发抖，不敢果断地扣下去，怕伤了它。又一晃，跳走了。

还算好，没有连着跳，它向前一爬，眼看钻进了悬空在地面上高粱水根。这回我沉住了气，双腿一跪，拿罩子迎在前头，轻轻用手指在后面顶，蛐蛐一跳进了罩子。我连忙跑出了高粱地，找了一块平而草稀的地方蹲了下来，把蛐蛐装入山罐。这时再仔细端详，确实长得不错，但不算大，只有七厘多。刚才手忙脚乱，眼睛发胀，以为将近一分呢。自己也觉得好笑。

山罐捆好了，又进地去逮。一共装了七个罐，还是没有真大的。太累了，不逮了。回到西坝河庙前茶馆喝水去。灌了七八碗，又把山罐打开仔细看，比了又比，七条倒有三条不够格的，把它们送进了席篓。

太阳西斜，放开脚步回家去。路上有卖烧饼的，吃了两个就不想吃了。逮蛐蛐总是只知道渴，不知道饿。到家之后要等歇过乏来，才想饱餐一顿呢。

王世襄养鸽子的时间也比较早，打十岁起，买鸽、养鸽和驯鸽是他生活中不能缺少的一部分。他后来回忆起童年养鸽子的经历，还颇有些惊险刺激：

我童年养鸽，用的竹竿有两丈多长，上端拴过红布条儿，也捆过鸡毛掸子。晃动它如挥大旗，觉得很威风，但也感到吃力，几下子胳膊就酸了，咬着牙还晃，而鸽子却不甚怕它。于是我就用竹竿磕房檐，啪啪作响，三间瓦房整整齐齐的檐瓦，都被我敲碎了，但鸽子还是不听指挥。我索性上房骑在屋脊上，挥竿呐喊，逼得鸽子往邻家的房上落。为了追赶它们，常从正房跳到相隔数尺的厢房上。一次被母亲看见，她几乎晕倒在廊子上。

那时有个叫王老根的人，曾在清庆王府里专职养鸽二十多年。王世襄跟他学了一整套驯养本领。比如养鸽有个术语叫"续盘儿"，就是将新来之鸽恰到好处地增续到已经飞起如盘的鸽群中。王世襄十五六岁时就已熟练掌握其技巧，他曾记述道：

当鸽群尚未起飞时，戴上白手套，将待续之鸽装入竹挎，放在院中。待飞盘儿已三起三落，降到低空，只绕房盘旋时，从挎中掏出一只，握在手中，头朝内，尾向外，等候鸽群将到，下腰、垫步、拧身、转脸，仿佛摔跤使用"别子"一招的架势，将手握之鸽垂直地抛入盘儿中。

这一套动作，"说起来简单，完成得好坏，却大有差异"。续得好，就能把鸽子不高不低、不前不后、稳稳当当、舒舒服服地增续到鸽群中，使其一展翅就能随盘儿飞；续得不好，鸽子就被抛到盘儿的前后上下了，那就得重新续盘儿。

王世襄爱养鸽，自然也少不了对鸽哨的喜爱。他有个朋友名叫王熙咸，人称"鸽奴"，自号"哨痴"，十五岁开始养鸽，由鸽及哨，爱之深入骨髓，平生唯一的爱好就是搜集和收藏鸽哨，还写了一篇《鸽哨话旧》的奇文。

1989年9月，鉴于《鸽哨话旧》过于简略，王世襄写了一部《北京鸽哨》，由生活·读书·新知三联书店正式出版。小书篇幅不大，其中包括《鸽哨话旧》一文、五篇附录、三十六幅图版和几帧插图在内，薄薄不足百页，却囊括了王世襄多年的心得及对相关文史考证的成果，竟然使鸽哨从民间工艺品一下变成了文物。

2005年3月31日，王世襄开始在《北京晚报》上开辟专栏连续发表数十篇文章，呼吁保护中国传统观赏鸽，为此他甚至上书总理，并得到了总理的亲笔回函答复。2007年元旦，《北京晚报》以头版头条，报道了天安门广场首次放飞中华和平鸽的消息。王世襄的努力，终于得到了认可。

"信是终身痼疾，无可救药矣"，这是王世襄在《北京鸽哨》一书的自序中，描述爱鸽子的一句话。

一、文 具

笔 筒

[明正德、嘉靖年间] 鱼龙海兽紫檀笔筒

尺　　寸　径 14.6 厘米 ×11.7 厘米，通高 16.5 厘米。

著　　录　王世襄著，《锦灰堆》，P311、470。

　　　　　　王世襄著，《锦灰二堆》，P144、238。

　　　　　　王世襄著，《自珍集》，图版 9.13，P222。

　　　　　　朱家溍、王世襄编，《中国美术全集·工艺美术编（11）：竹木牙角器》，P60。

　　　　　　黄玄龙主编，《金石癖：文房搨本集》，P48-49、228。

参　　阅　《俪松居长物——王世襄、袁荃猷珍藏中国艺术品》，Lot：1136。

　　　　　　《翦淞阁——文房宝玩》，Lot：2558。

文物传承　清宫旧藏。1950 年，王世襄得于北京荣宝斋。

品鉴 笔筒所用紫檀色重黝黑,高浮雕龙二,及狮、马、虎、象、犀、鱼、螺各一,出没于波涛的海浪中。水势汹涌澎湃,更助海怪腾越之势。以海水鱼龙间以异兽的题材,在唐宋时即已用作装饰,至元明更为流行。龙丰颅长喙,鬃鬣偾张,气势雄壮,类似于永乐、宣德间青花的瓷器装饰。

[明] 紫檀天然形笔筒

尺　寸　口径 17.4 厘米 ×14 厘米，高 19 厘米。

著　录　王世襄著，《锦灰堆》，P470。
　　　　　王世襄著，《自珍集》，图版 9.16，P230。

参　阅　《锦灰集珍——王世襄先生旧藏：王世襄先生藏工艺品》，Lot：3093。

文物传承　同仁堂乐家旧藏，后为王世襄购得。

品鉴　　造型不规则甚至畸形的硬木笔筒，一般叫"随形"或"天然形"，但其实一般都经过人工刀凿，王世襄对此颇不以为然，称其"俗不足取"。而此件笔筒的造型就像一棵古树的一截，虽然也经过人工的磨治，但并没有造作的痕迹。笔筒口近椭圆形，瘿节孔穴，错落有致，宛如真的一般。壁厚约 3 厘米，底厚 7 厘米，朴实稳重。经过长时间摩挲，外表非常圆润。王世襄称其"意趣远胜前者，惟为数甚少耳"，更赞它"以予所见天然形笔筒，未有更出其右者"。

　　关于笔筒的来历，王世襄说："笔筒出自同仁堂乐家，主人久居西城锦什坊街，一时忘其名号。谢世后有人持来，亟购之。"（《自珍集》）

[清] 瘿木笔筒（成对）

尺　　寸　10厘米×8厘米×10厘米；11.5厘米×10.5厘米×10厘米。
参　　阅　《锦灰集珍——王世襄先生旧藏：王世襄先生藏工艺品》，Lot：3023。
文物传承　王世襄旧藏。

> **品鉴**　笔筒瘿木质，但不是常见的疤结累累状。起伏和缓，有透空口，颇似两块灵巧的奇石，朴实又不失雅致。笔筒有崇尚自然之风，树皮纹理显著，瘿结点缀其间。

[清] 梁山舟铭张芑堂刻紫檀笔筒

尺　　寸　径 11.7 厘米，高 13 厘米。
著　　录　王世襄著，《自珍集》，图版 9.15，P228。
　　　　　朱家溍、王世襄编，《中国美术全集·竹木牙角器》，图 31。
参　　阅　《俪松居长物——王世襄、袁荃猷珍藏中国艺术品》，Lot：1137。
文物传承　20 世纪 50 年代，王世襄购自北京崇文门外青山居。

品鉴

笔筒为直筒形，脐状底。周身满刻梁山舟铭并识云："诗有筒，酒有筒，尖头公，居此中。床以翡翠易毁，架以珊瑚太工。檀心坚栗而圆通，紫气郁郁腾虚空。立而不倚，和而不同，君子鉴之，以束吾躬。嘉庆十八年在癸酉八月之朔，山舟梁同书铭并书于频螺庵，时年九十有一。张芑堂镌。"山舟是清代中期著名书法家梁同书的号，芑堂为张燕昌的号。张燕昌善画兰竹、山水、人物、花卉，又工篆、隶、飞白、行、楷书，精金石篆刻。

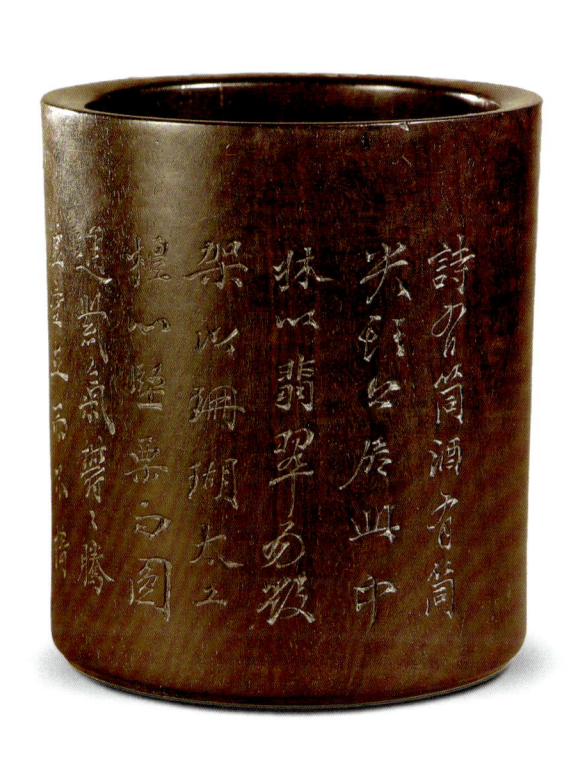

[清乾隆] 潘老桐刻人物紫檀笔筒

尺　　寸　径 10.9 厘米，高 12.3 厘米。
著　　录　王世襄著，《自珍集》，图版 9.14，P226。
参　　阅　《俪松居长物——王世襄、袁荃猷珍藏中国艺术品》，Lot：1135。
文物传承　20 世纪 50 年代末，王世襄购自北京东交民巷懋隆商店。

品鉴　笔筒浅刻一老翁，头戴巾帽，身着宽袍，袖手而立，给人不胜其寒之感。筒背面有题诗及款识："路入寒梅江树斜，十分浓雪一分花。野人能奈三更冷，明月空山问酒家。雍正岁次乙巳小春月，诸君同集卧秋草堂，老匏赋诗，雪堂写意，药溪作书，老桐法镌。"老匏、雪堂、药溪分别为朱冕、蔡嘉、汪宏，而老桐即竹刻名家潘西凤。四名家合作成一器，可见当年扬州艺苑的兴盛。此笔筒包浆亮丽，保存完好，极为难得。

玲珑万象

杂项篇

375

纸 镇

[宋]青铜卧狮纸镇

尺　　寸　高 4 厘米。

著　　录　王世襄著，《自珍集》，图版 9.1，P214。

参　　阅　《俪松居长物——王世襄、袁荃猷珍藏中国艺术品》，Lot：1242。

文物传承　20 世纪 60 年代初，王世襄购自北京城北一老者处。

品鉴　此狮头部上隘下丰，双目怒视，两眉隆起，鼻高吻阔。双耳短小竖立，给人雄武干练之感。鬃发稀疏，尾毛回拂。整件纸镇雕工简洁，古拙朴素，更显其威猛。

[明] 铜镇纸兽

尺　　寸　长 5.5 厘米。

著　　录　王世襄著,《自珍集》, 图版 9.5, P216。

参　　阅　《俪松居长物——王世襄、袁荃猷珍藏中国艺术品》, Lot：1243。

文物传承　1951 年 3 月 25 日, 王世襄购自北京烟袋斜街秀古斋。

品鉴　此兽形象怪异夸张。其嘴长如鸭喙, 身伏地如犬。嘴、身、腿皆刻变形云纹装饰。

[清] 石雕狮镇

尺　　寸　通高 9.5 厘米。

著　　录　王世襄著，《自珍集》，图版 9.2，P214。

参　　阅　《俪松居长物——王世襄、袁荃猷珍藏中国艺术品》，Lot：1221。

文物传承　王世襄旧藏。

品鉴　方形石板为底座，一狮伏其上。狮口大张露舌，气势甚是威猛。后部一股抬起，用爪挠头顶，生动有趣。但因用料单薄，不能刻出整个丰满的狮身，颇为遗憾。尾鬃弯转有致，美观雅致。王世襄常用此狮镇压案头稿件，非常方便。

[近代] 镇纸

尺　　寸　28厘米×4.3厘米×2.8厘米。
参　　阅　《锦灰集珍——王世襄先生旧藏：王世襄先生藏工艺品》，Lot：3025。
文物传承　王世襄旧藏。

品鉴　此镇纸通体光素无饰，木材纹路自然流畅，舒朗简洁，与书房笔墨素榻颇为相得益彰，亦符合王世襄"世好妍华，我耽拙朴"的品位与风格。

砚

[现代] 金禹民制麒麟纹六方小端砚

尺　　寸　六方角至角 8.4 厘米，厚 1.8 厘米。
著　　录　王世襄著，《自珍集》，图版 9.11，P219。
参　　阅　《俪松居长物——王世襄、袁荃猷珍藏中国艺术品》，Lot：1222。
文物传承　金禹民制。1946 年，王世襄购自其处。

品鉴　此砚为正六边形，正面六边高起，浅雕水波纹，背面中心浮雕麒麟。此砚古拙小巧，典雅精妙，为金禹民所制。金禹民工篆刻，尤善制印纽，王世襄将他比作周尚均、杨玉璇。

玲珑万象　/杂项篇/

◆ 其 他 ◆

[清早期] 尚均雕螭纹红寿山印泥盒

尺　　寸　径 8 厘米，通高 4.4 厘米。
著　　录　王世襄著，《自珍集》，图版 9.12，P220。
参　　阅　《俪松居长物——王世襄、袁荃猷珍藏中国艺术品》，Lot：1220。
文物传承　金城旧藏，后散出，王世襄几经辗转，以厚酬易得。

品鉴

此盒为寿山石质，细腻温润，色泽朱红。盖部和底部均以方格锦为地，线内填金彩，高浮雕螭纹。盒盖雕一螭龙，鬃鬣高扬，口张角竖，口中衔灵芝一枝于右，头左侧有"尚均"二字篆文款识，规整隐蔽。外侧有三螭环绕，形态各异，爪尾相接，流畅圆婉。盒底雕螭龙二，间雕流云纹。盖、底侧边均雕刻朵云，沿口宽边，饰卷草纹等。盖内中部开光，与底内中部均刻云凤纹，极为细腻，运刀可见浅深轻重。

尚均名周彬，清初福建漳州人，是制寿山印纽和圆雕人物的名家。此盒雕刻精细而不烦琐，王世襄甚为喜爱，他曾说："各边缘子口，无一处无纹理，雕饰已达到极限，竟无繁赘之嫌，而不禁对其典雅精绝欢喜赞叹。"（《自珍集》）盒有小伤。

玲珑万象 ／杂项 篇／

二、盘碗瓶罐

铁楄

[明万历] 归昌世造龙纹八格铁楄

尺　　寸　31厘米×18.8厘米，高2.1厘米。
著　　录　王世襄著，《自珍集》，图版9.3，P215。
参　　阅　《俪松居长物——王世襄、袁荃猷珍藏中国艺术品》，Lot：1244。
文物传承　1958年3月4日，王世襄购自北京琉璃厂宝古斋。

品鉴

此器分八格，均为椭圆形。每格内外均刻云龙纹，周环海水。背面阳文两印，右为"万历四十二年"，左为"甲寅归昌世造"。归昌世，即归有光。王世襄认为此器"形制似乎源自晋墓出土之，如已名之槅，姑以槅名之"（《自珍集》），并推测此器可能是祭器或食具，用于陈设食物。

[清中期] 归昌世造龙纹八格铁槅底座

尺　　寸　长 30.5 厘米，宽 18.5 厘米，高 8.5 厘米。
著　　录　王世襄著，《自珍集》，图版 9.3，P215。
参　　阅　《锦灰集珍——王世襄先生旧藏：王世襄先生藏工艺品》，Lot：3033。
文物传承　王世襄旧藏。

> **品鉴**　此为专为归昌世造龙纹八格铁槅打造的底座，木质，红润有光泽。与铁槅对应，上端亦分八格，椭圆形。腿足呈波浪形伸展，足端外翻马蹄。

❖ 碗 ❖

[清乾隆]"乾隆赏玩"模印云龙纹葫芦碗

尺　　寸　口径 5.5 厘米，高 7 厘米。
著　　录　王世襄著，《中国葫芦》，图版 18，P125。
参　　阅　《中国嘉德 1996 年春季拍卖会·瓷器玉器鼻烟壶工艺品》，Lot：861。
文物传承　王世襄旧藏。

品鉴　此碗圈足圆腹，口沿外侈，黑漆里，器型端正。碗上纹饰由两组相同图案构成，每组由两龙夭矫相对，间以火珠纹、流云纹。上下有回纹装饰。底足弦纹圈，内有"乾隆赏玩"四字楷书款。

王世襄据碗上痕迹推测，"木范至少由八块构成。另有不规则斜纹，倘非木范曾经修补，则可能多至十块"。

此碗集天然与人工之妙，极为珍贵。

《 盘　碟 》

[明] 四狮纹铜丝嵌珐琅委角方盘

尺　　寸　18.7厘米×18.5厘米，高2厘米。

著　　录　王世襄著，《自珍集》，图版9.9，P218。

参　　阅　《俪松居长物——王世襄、袁荃猷珍藏中国艺术品》，Lot：1245。

文物传承　王世襄旧藏。

品鉴　此盘掐铜丝围成四狮舞球图，天蓝色地，嵌浅黄、深蓝、褐、黑四色，其间以朱色飘带相连。中心方框内，两金刚杵十字相交，背面饰番莲纹。此盘应为供佛用的盛器托盘。

[清乾隆] 梵文铜丝嵌珐琅小圆盘

尺　　寸　径 11.4 厘米，高 2.1 厘米。

著　　录　王世襄著，《自珍集》，图版 9.10，P218。

参　　阅　《俪松居长物——王世襄、袁荃猷珍藏中国艺术品》，Lot：1246。

文物传承　陶瓷收藏家桂月汀旧藏。桂月汀去世后，王世襄经由金毓崟代为购得。

品鉴　盘心及边缘嵌梵文，内壁饰杂宝图，外壁饰八宝云纹。盘底鎏金刻"乾隆年制"楷书款，釉色丰富，工艺精湛。此盘为清宫中佛前供具。

[清] 桄榔木盘

尺　　寸　径 23.5 厘米，高 4.2 厘米。

著　　录　王世襄著，《自珍集》，图版 9.19，P234。

参　　阅　《俪松居长物——王世襄、袁荃猷珍藏中国艺术品》，Lot：1139。

文物传承　王世襄得自北京东四恩华斋张德山处。

品鉴

此盘通体光素无饰，盘底无足，正中开光，造型古朴大方。盘身布满天然纹理，密攒碎点，细如鱼子。外壁密布大小相间的圆斑，"极似竹根根须切断后所遗痕迹，故人每误以为用竹根镟成，而实为桄榔木"。（《自珍集》）包浆润泽，圆熟可爱，富有古趣。桄榔木器在当时即十分珍贵。据王世襄研究，北京故宫藏有多件桄榔木器物，少数刻有乾隆御题，并有诗文收入御制集。

[清康熙]"康熙赏玩"弦纹匏碟一对

尺　　寸　径12.8厘米，高2.8厘米。

著　　录　王世襄著，《中国葫芦》，图版6，P113。
　　　　　王世襄著，《自珍集》，图版9.20，P235。

参　　阅　《俪松居长物——王世襄、袁荃猷珍藏中国艺术品》，Lot：1229。

文物传承　王世襄旧藏。

品鉴　此碟通体光素，只有沿口、口足和足内起三道弦纹。足内模印阳文楷书款"康熙赏玩"四字。碟内髹黑漆。清沈初《西清笔记》称"葫芦器康熙间始为之"。此碟应为较早的清宫御用之物。

玲珑万象

杂项篇

瓶

[清乾隆]"乾隆赏玩"模印八仙纹匏瓶

尺　　寸　高22厘米，下肚尖至尖14.5厘米。

著　　录　王世襄著，《中国葫芦》，图版22，P129。
　　　　　　王世襄著，《自珍集》，图版9.21，P236。

参　　阅　《俪松居长物——王世襄、袁荃猷珍藏中国艺术品》，Lot：1233。

文物传承　1950年5月21日，王世襄购自北京东安市场古玩商张延炳处。

品鉴　此瓶为束腰葫芦式。上下两肚均方形。下肚抹去各角，形成"八不正"式样。八仙各居两肚八面上。下肚四面分别为铁拐李拄拐持葫芦、韩湘子捧花篮、张果老持渔鼓及何仙姑持莲蓬；上肚四面分别为蓝采和吹笛、汉钟离捧桃、吕洞宾背剑以及曹国舅持笏板。下肚抹脚处皆模印团"寿"字为饰。瓶底印蒉花及"乾隆赏玩"四字楷书款。该瓶为图案最清晰、保存最完好的模印葫芦，极为罕见。

玲珑万象 /杂项篇/

395

罐

[明成化] 青花葡萄叶纹小盖罐

尺　　寸　高 10.5 厘米。
参　　阅　《中国嘉德 1997 年春季拍卖会·瓷器玉器鼻烟壶工艺品》，Lot：317。
文物传承　王世襄旧藏。

品鉴　此罐圆腹敛口，盖为荷叶形，瓶身绘葡萄叶，边饰以青花绘、卷云纹。线条流畅，色泽淡雅。

[清乾隆]"乾隆赏玩"模印缠莲纹匏盖罐

尺　　寸　腹径 11 厘米，通盖高 10.2 厘米。

著　　录　王世襄著，《中国葫芦》，图版 26，P137。

　　　　　　王世襄著，《自珍集》，图版 9.23，P239。

参　　阅　《俪松居长物——王世襄、袁荃猷珍藏中国艺术品》，Lot：1232。

文物传承　20 世纪 50 年代末，王世襄购自北京东四烟筒胡同何玉堂家。

品鉴　罐盖范莲瓣纹，柄蒂处借做为纽。罐身范缠枝莲纹，花叶疏朗。足内隐起双弦纹圈，落"乾隆赏玩"楷书四字款。罐盖与罐身皆髹黑漆里，唯盖表细腻而薄，身表粗糙而厚，可见罐盖与罐身是分别由两副葫芦制成的。这也正是此罐的可贵处。王世襄曾说："大凡葫芦器有盖器物远较无盖者珍贵，以其范制甚难上下配合，传世甚稀也。"（《自珍集》）

盒、壶、炉

[现代] 王世襄火绘葫芦片嵌镶红木圆盒（成对）

尺　　寸　圆盒径 7.8 厘米，高 5.5 厘米。

著　　录　王世襄著，《中国葫芦》，图版 57，P168。
王世襄著，《自珍集》，图版 9.29，P242。

参　　阅　《锦灰集珍——王世襄先生旧藏：王世襄先生藏工艺品》，Lot：3077。

文物传承　王世襄制。

品鉴

　　葫芦中，有一种叫"葫芦头"的，没什么价值。据王世襄说，"葫芦之不中范者，徐水种户多以板夹之，使之平扁，以便入怀，专供罐家售虫之用，名曰'葫芦头'，其值甚微"。（《自珍集》）王世襄则别出心裁，在葫芦头的平整处，裁切圆片镶在车镟红木盒上，并火绘小景。此对圆盒，一画松枝磐石，一画盆梅，是王世襄当年所得众多圆片中，唯一成器的一对。

　　除了镶红木盒，他还用葫芦头来做别针：在葫芦头侧面裁切椭圆片，用作别针材，镶上银托，再在其上绘宋代磁州窑的花卉纹。

玲珑万象 /杂项篇/

[清乾隆]"乾隆赏玩"横模印葫芦饕餮纹炉

尺　　寸　腹径 21 厘米，高 13 厘米。

著　　录　王世襄著，《中国葫芦》，图版 24，P135。

参　　阅　《中国嘉德 1997 年春季拍卖会·瓷器玉器鼻烟壶工艺品》，Lot：514。

文物传承　王世襄旧藏。

> **品鉴**　此炉的器型、纹饰，均仿青铜器，极为难得。炉身周匝平列八朵双钩云头纹，中间饰以饕餮纹。肩上腹下各有回纹、蚕纹一道。"乾隆赏玩"四字楷书款。

三、工 具

墨 斗

[清] 榆木髹漆履形墨斗

尺　　寸　22厘米×5.5厘米×7.3厘米。
参　　阅　《锦灰集珍——王世襄先生旧藏：王世襄先生藏工艺品》，Lot：3013。
文物传承　王世襄旧藏。

品鉴　此墨斗榆木质，外髹大漆，仿京剧道具"踏云履"布鞋样式，有墨槽和线轮槽两部分。线轮槽刻卷云纹，盖借"云"与"运"的谐音，取福运之意。

[清] 榆木髹漆船形墨斗

尺　　寸　20厘米×5.2厘米×7厘米。

参　　阅　《锦灰集珍——王世襄先生旧藏：王世襄先生藏工艺品》，Lot：3014。

文物传承　王世襄旧藏。

品鉴　此墨斗榆木质，外髹大漆，分墨槽和线轮槽两部分，仿船形。船首刻成波浪状，有乘风破浪的意思。上面刻蛙纹，寓辟邪吉祥。木轮外侧以波浪、卷云纹为地，一刻腾跃云头之龙，一刻"鱼化龙"纹，犹取"鲤鱼跳龙门"之意，喻金榜题名。墨斗有"大生堂记"，为北方民间木工所做。

杂 项

[清] 鎏金铜透镂双龙纹火镰

尺　　寸　6厘米×2.7厘米。

著　　录　王世襄著，《自珍集》，图版9.7，P216。

参　　阅　《俪松居长物——王世襄、袁荃猷珍藏中国艺术品》，Lot：1240。

文物传承　1951年7月15日，王世襄购自北京廊房二条义聚斋。

品鉴　此火镰为铜质，鎏金华丽。左右两龙昂首踊向正中尖端，如双龙戏珠。唯双龙所戏之"珠"为一孔，可系绦索，亦见其设计巧妙。两龙周围镂雕江崖海水，玲珑剔透。王世襄曾评价说："器愈小而愈见其工艺之精，非皇家用物不能有此。"火镰下缘镶钢铁一条，供打石取火。

[清乾隆] 缠莲纹紫檀拍板

尺　　寸　　长 26.2 厘米，上宽 5 厘米，下宽 6 厘米。

著　　录　　王世襄著，《自珍集》，图版 9.18，P232。

参　　阅　　《俪松居长物——王世襄、袁荃猷珍藏中国艺术品》，Lot：1134。

文物传承　　1951 年 3 月 4 日，王世襄购自北京东琉璃厂蕉叶山房。

品鉴　　拍板由三片紫檀木组成。面板正面起剑脊棱，铲地浮雕缠莲纹，背面光素平整。中间一片，两面皆光素。底板正面阴刻缠莲纹，图案与面板同；背面起剑脊棱，无雕饰。浮雕与阴刻刀法精湛，风格与乾隆时期宫廷器物十分相似。

玲珑万象 / 杂项篇 / 405

四、玩 具
狗 具

[清] 瘫子制獾钩、犴达罕角棒子

尺　　寸　钩子长 85 厘米；棒子长 39 厘米。
著　　录　王世襄著，《自珍集》，图版 10.1，P244。
参　　阅　《锦灰集珍——王世襄先生旧藏：王世襄先生
　　　　　藏工艺品》，Lot：3094。
文物传承　荣三赠予王世襄。

品鉴

据王世襄介绍，此二物的用法是：当獾被狗擒住后，张嘴乱咬，此时用钩子钩住其上腭或下颌，然后用棒子猛烈击打獾的鼻梁，使獾立时毙命。因为捉獾都是在夜间，所以下钩不是件容易的事，用钩、棒的人一定是行家里手。

此钩铁杆钢尖，上细实，下粗空，称为"裤"，安装硬木把。裤上镶凸起的铜钉，称为"星"，与钩背（俗称"脑勺"）相对。夜间，把钩把握在手里，依据掌心的感觉，可以知道钩尖的朝向，防止下钩时发生失误。

瘫子是20世纪初住在北京德胜门外西北郊、铁狮子坟附近的一名铁匠，因得了痹症而行动不便，因此人称"瘫子"。据王世襄说，此人"技艺精绝。善锻造云片花火枪，黑白纹理相间，如行云流水，绚丽无比。此獾钩即居地安门外荣爷（幼年人称"胖小荣"，与其弟荣三皆是驯狗养鹰高手。荣爷之子即京剧名家程砚秋先生。）亲诣瘫子定制者。钩刚中有柔，不断不弯，为荣氏兄弟得心应手之逛獾用具。襄因与荣三交游多年，蒙慨然见赠"。（《自珍集》）

"犴达罕"是满语，或译作"堪达汉"，就是驼鹿。此棒即截驼鹿角而制，用来击打獾。驼鹿角坚而重，打獾正合适。只是像此件这样又粗又直的非常难得。此棒也是荣三赠予王世襄的。

王世襄原还藏有绳绊等獾狗用具，可惜在特殊时期被抄去，无一存者。

鹰 具

[清] 韝鹰十二旋

尺　　寸　大鹰转环，大小不一，高 2.5~4 厘米。
　　　　　　小者一枚为松子转环，高 1.6 厘米。
著　　录　王世襄著，《自珍集》，图版 10.2，P245。
参　　阅　《锦灰集珍——王世襄先生旧藏：王世襄先生藏工艺品》，Lot：3095。
文物传承　蜘蛛肚式四旋，20 世纪 50 年代，王世襄购自北京隆福寺鸟市；其余购于冷摊。凑足十二枚，王世襄制盒贮之。

品鉴

旋（镟），即转环，鹰具。用金属制成，能旋转，以防止绦绞在一起。

此盒转环共十二枚，均清代制作，大都采用上下双龙衔环的雕饰，做工较粗的是民间制品，其余比较精细的是清宫造办处制品。

盒中第一行的四枚为蜘蛛肚式。

第二行第一枚为灯笼式。

第二行第三枚为花篮式。

第二行第四枚，第三行第一枚、第四枚为磨盘式。

第三行第二枚、第三枚为捧盒式。

以上皆为大鹰转环。

第二行第二枚原为黄铜磨盘式，被人借去后未还，王世襄乃以松子小转环填补，为小鹰转环。

除十二枚转环，盒中另有三件小具。

玲珑万象 /杂项篇/

409

[清] 紫红鹰水葫芦（两具）

尺　　寸　大者高 20.5 厘米，下肚径 7.4 厘米。
　　　　　小者高 16 厘米，下肚径 6.5 厘米。
著　　录　王世襄著，《中国葫芦》，图版 48，P159。
　　　　　王世襄著，《自珍集》，图版 10，P246。
参　　阅　《锦灰集珍——王世襄先生旧藏：王世襄
　　　　　先生藏工艺品》，Lot：3073。
文物传承　北京西直门养鹰家李凤山故物，后为王世
　　　　　襄所藏。

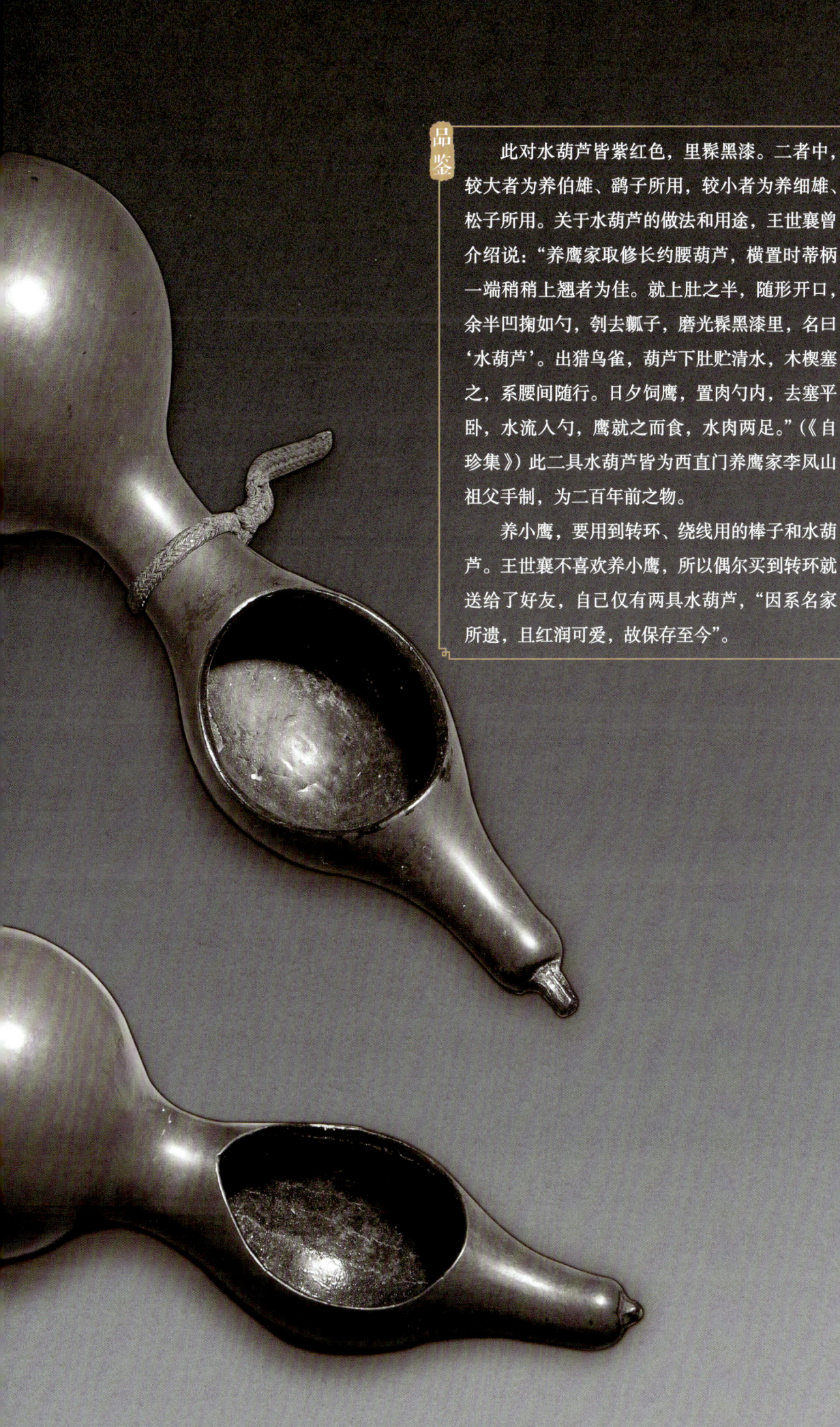

品鉴

此对水葫芦皆紫红色，里髹黑漆。二者中，较大者为养伯雄、鹞子所用，较小者为养细雄、松子所用。关于水葫芦的做法和用途，王世襄曾介绍说："养鹰家取修长约腰葫芦，横置时蒂柄一端稍稍上翘者为佳。就上肚之半，随形开口，余半凹掬如勺，刳去瓤子，磨光髹黑漆里，名曰'水葫芦'。出猎鸟雀，葫芦下肚贮清水，木楔塞之，系腰间随行。日夕饲鹰，置肉勺内，去塞平卧，水流入勺，鹰就之而食，水肉两足。"（《自珍集》）此二具水葫芦皆为西直门养鹰家李凤山祖父手制，为二百年前之物。

养小鹰，要用到转环、绕线用的棒子和水葫芦。王世襄不喜欢养小鹰，所以偶尔买到转环就送给了好友，自己仅有两具水葫芦，"因系名家所遗，且红润可爱，故保存至今"。

鸟 具

[清道光] 御制虎骨染绿成堂鸟食罐

尺　　寸　口径2.8厘米，高1.6厘米；四只口径2.9厘米；底径2.5厘米；共重61.11克。

著　　录　荣宏君著，《王世襄珍藏文物聚散实录》，P155。

　　　　　　刘阳著，《谁收藏了圆明园》，P161。

参　　阅　王世襄旧藏"文革"退赔登记清单，编号35。

　　　　　　《时和笔畅——名家旧藏文房古器物》，Lot：3833。

文物传承　王世襄旧藏，赠予韵荪。

品鉴　道光、咸丰年间，宫廷养鸟娱乐活动盛行。道光时期曾命御制五件成堂的鸟食罐，分别作盛水、放食、放沙粒之用。鸟食罐刻"慎德堂"款，圆明园慎德堂即道光皇帝晚年主要生活之地。

[清道光] 御制翡翠鸟食罐

尺　　寸　口径 2.7 厘米，高 1.7 厘米，重 35.77 克。
参　　阅　《时和笔畅——名家旧藏文房古器物》，Lot：3823。
文物传承　王世襄旧藏，赠予韵荪。

品鉴　　罐有"慎德堂制"款。慎德堂为圆明园内的一座宫殿建筑，位于圆明园九州清晏岛，是道光皇帝与咸丰皇帝在圆明园内居住的寝宫。此鸟食罐用料不佳，工艺平常。

秋虫用具

蛐蛐葫芦

[晚清] 官模子蛐蛐葫芦

参　　阅　《锦灰集珍——王世襄先生旧藏：王世襄先生藏工艺品》，Lot：3078。

文物传承　王世襄购自绵宜后人处。

◆ 官模子八宝云蝠纹蛐蛐葫芦

尺　　寸　通口高10厘米，腹径5.3厘米。
著　　录　王世襄著，《中国葫芦》，图版158，P272。
品　　鉴　范四瓣。中为蝙蝠纹和流云纹；上下为八宝纹：上为轮、盖、伞、螺，下为花、肠、鱼、罐。黄檀口框，梅花纹椰壳蒙心。

◆ 官模子八宝暗八仙纹蛐蛐葫芦

尺　　寸　通口高 10.5 厘米，腹径 5.2 厘米。

著　　录　王世襄著，《中国葫芦》，图版 159，P273。

品　　鉴　范四瓣。中为暗八仙：剑、篮、笛、拍板、扇、渔鼓、莲花、葫芦。上下为八宝纹：上为轮、盖、伞、螺，下为花、肠、鱼、罐。象牙口框，近代仁义顺云鹤玳瑁蒙心，纹样较小，纹路纤细，磨工较少，风格较为拘谨。

◆ 官模子双狮纹蛐蛐葫芦

尺　　寸　通口高 10 厘米，腹径 5.2 厘米。

著　　录　王世襄著，《中国葫芦》，图版 160，P274。

品　　鉴　范四瓣。两头狮子首尾相接，头颅丰满，耳硕大，威武又不失憨厚。上下配以八宝纹。黄檀口框，染牙蒙心。

◆ 官模子四龙纹油壶鲁葫芦

尺　　寸　通口高 9.8 厘米，腹径 6 厘米。

著　　录　王世襄著，《中国葫芦》，图版 143，P257。

品　　鉴　范四瓣。每瓣有一五爪之龙，两两相对。沿口下饰以蕉叶纹。

［清咸丰］文三火画山水三河刘蛐蛐葫芦、干黄倒栽油壶鲁葫芦

参　　阅　《锦灰集珍——王世襄先生旧藏：王世襄先生藏工艺品》，Lot：3087。
文物传承　王世襄旧藏。

◆ **文三火画山水三河刘蛐蛐葫芦**

　　尺　　寸　通口高 9.5 厘米，腹径 5.2 厘米。
　　著　　录　王世襄著，《中国葫芦》，图版 162，P276。
　　　　　　　王世襄著，《自珍集》，图版 10.48，P277。
　　品　　鉴　成对之一。模痕难辨，纸纹甚多。文三火画山水已模糊不清，树木山石、桥上行人等，仅隐约可见。原成对，为满族名门（王世襄亦忘其名姓）所藏，另一已口裂残损。象牙口框，玳瑁蒙心。

◆ **干黄倒栽油壶鲁葫芦**

　　尺　　寸　通口高 8.2 厘米，腹径 5.9 厘米。
　　品　　鉴　造型矬矮，宜贮养本叫油壶鲁和金钟。此器切去蒂柄而倒栽，平托，直立不倾倒。

扎嘴葫芦

[清道光] 官模子八方篆文扎嘴葫芦

尺　　寸　通口高 5.8 厘米，腹径 7.2 厘米。

著　　录　王世襄著，《中国葫芦》，图版 136，P250。

　　　　　　王世襄著，《自珍集》，图版 10.40，P273。

参　　阅　《锦灰集珍——王世襄先生旧藏：王世襄先生藏工艺品》，Lot : 3074。

文物传承　王世襄旧藏。

品鉴　此葫芦不见范痕，据其造型推测，为四瓣或八瓣。书篆文"玉壶贮暖，金谷留春"八字。原有象牙盖，盖上凸起乳状七丁，有透孔，据此可知此器曾做贮虫之用，但容量小，只能贮养扎嘴或极小的蝈蝈。

[清道光]官模子笹箩纹鱼篓式扎嘴葫芦

尺　　寸　通口高 9.5 厘米，宽 8 厘米，厚 5.1 厘米。

著　　录　王世襄著，《中国葫芦》，图版 135，P249。
　　　　　　王世襄著，《自珍集》，图版 10.41，P273。

参　　阅　《锦灰集珍——王世襄先生旧藏：王世襄先生藏工艺品》，Lot：3079。

文物传承　王世襄旧藏。

> **品鉴**　范四瓣，底足内的瓣痕清晰可见。造型颇似鱼篓。此器在官模子中颇具匠心，非常难得。

盆、过笼、水槽

[明]万礼张盆、万礼张五福捧寿过笼、朱砂鱼水槽

尺　　寸　盆径 12.7 厘米，通盖高 10 厘米。
　　　　　过笼高 2.8 厘米，长 6.8 厘米（后肩至肩）。
著　　录　王世襄著，《自珍集》，图版 10.4，P247。
文物传承　王世襄旧藏。

品鉴

养家看中的北京盆罐有两大系列，一为"万礼张"，一为"赵子玉"。万礼张盆制于明代，底平无足，即所谓"刀切底"，作为养盆，要远胜于赵子玉盆。

此盆腔不薄，取其入冬仍可用。盆外有皮子，深色，然已斑驳不全。底尚佳，但欠平整。盆盖内有"万礼张造"款。在王世襄所藏的万礼张盆中，此盆为最佳者；不过北京养家李凤山（字桐华）、陶仲良则对王世襄表示，此盆虽勉强可用，但不忍用于心爱之虫。

[明] 万礼张永远长盛盆

尺　　寸　直径 12.5 厘米；高 11 厘米。
参　　阅　《中国嘉德 2019 年春季拍卖会·玩物适情——名家收藏集珍》，Lot：4683。
文物传承　王世襄旧藏。

> "桐华先生爱万礼张胜于子玉，故知之独详。我历年收得四种，再加桐华先生所藏，尽得寓目，并有拍摄照片。又蒙高手傅大卣先生墨拓款识，故大体齐备。其中有万礼张、白山、秋虫大吉、永战三秋、怡情雅玩、永远长盛、春游秋乐、净面光素、无款识九种。"——王世襄《秋虫六忆》

[明] 万礼张怡情雅玩盆

尺　　寸　直径 12.5 厘米，高 10.4 厘米。

著　　录　王世襄著，《王世襄集：蟋蟀谱集成》，P328 页。

参　　阅　《中国嘉德 2019 年春季拍卖会·玩物适情——名家收藏集珍》，Lot：4686。

文物传承　王世襄旧藏。

品鉴　据王世襄先生统计，万礼张盆罐之款识有八种，即万礼张造、白山、秋虫大吉、永战三秋、永站三秋、怡情雅玩、永远长胜、春游秋乐。此乃其中之一。

[明]万礼张盆、枣花过笼、蜘蛛水槽

尺　　寸　　盆直径12.7厘米，高10.7厘米。

参　　阅　　《锦灰集珍——王世襄先生旧藏：王世襄先生藏工艺品》，Lot：3054。

文物传承　　王世襄旧藏。

品鉴　盖内有"万礼张造"款，盖、罐骑缝有戳记。

[明] 万礼张盆、枣花过笼、梅峰水槽

尺　　寸　盆直径 12.5 厘米，高 10.7 厘米。

参　　阅　《锦灰集珍——王世襄先生旧藏：王世襄先生藏工艺品》，Lot：3055。

文物传承　王世襄旧藏。

品鉴　盆盖内有"万礼张造"款。

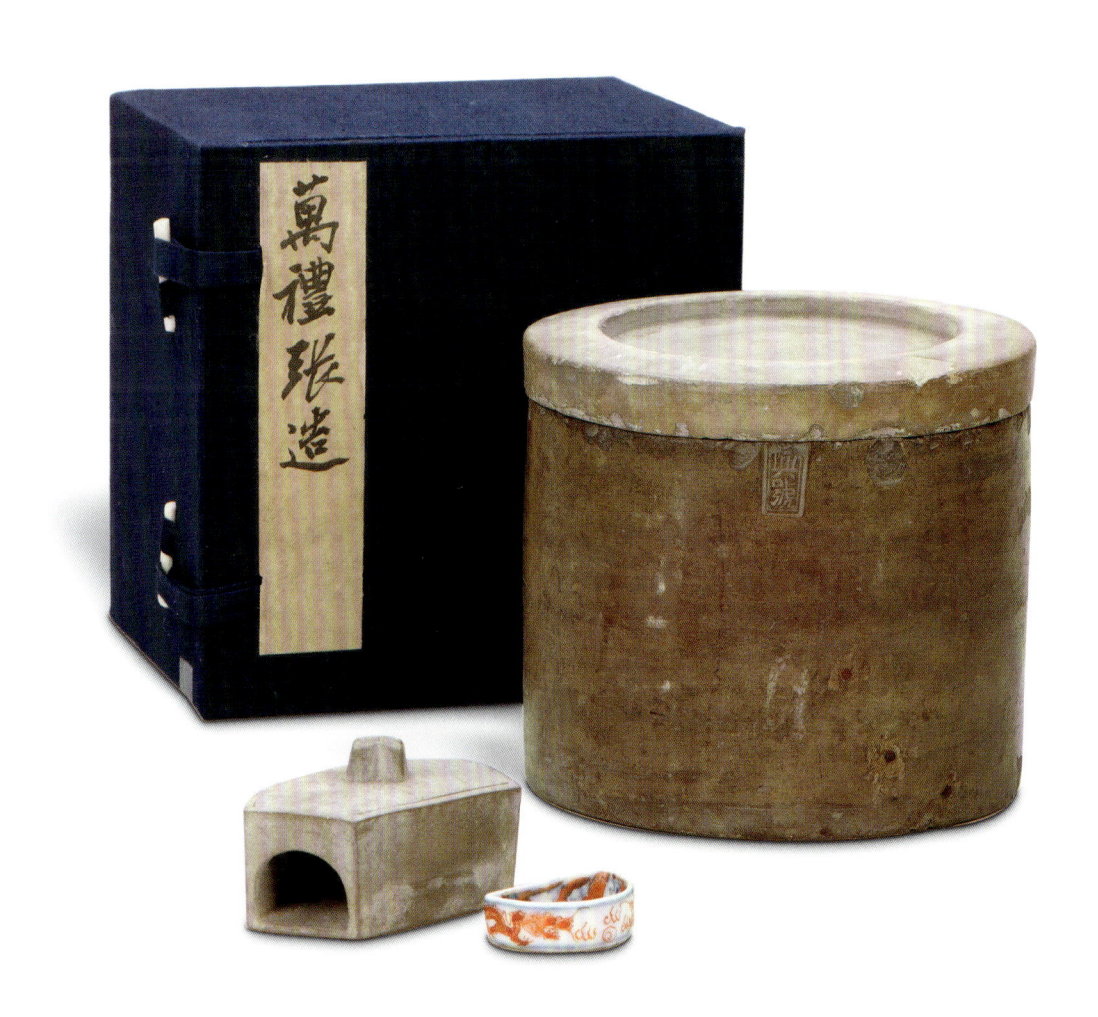

[明] 万礼张盆、枣花过笼、文鱼水槽

尺　　寸　盆直径 12 厘米，高 10.6 厘米。

参　　阅　《锦灰集珍——王世襄先生旧藏：王世襄先生藏工艺品》，Lot：3056。

文物传承　王世襄旧藏。

品鉴　盆盖内有"万礼张造"款。

[清]"都人赵子玉制""乐在其中"盆（成对）

尺　　寸　径 9.1 厘米，通盖高 7 厘米。
著　　录　王世襄著，《自珍集》，图版 10.5，P248。
文物传承　王世襄旧藏。

品鉴　"乐在其中"为赵子玉多种款识盆之一。盖为"乐在其中"方形戳记，底为"都人赵子玉制"长方形戳记。其传世数量本就远少于"古燕赵子玉造"款识的盆。再者此盆为五号小型罐，是"乐在其中"的特殊品种，据说完整者仅此一具，独一无二。此为投资天和斋古玩店的中南银行经理郑西忠旧藏，一直秘不示人。直到郑西忠去世，此盆散出，为王世襄购得，养家或羡慕或嫉妒。据王世襄说，当时有"蟋蟀界魁首"之称赵子臣曾非常愤怒地说："要不是这年月，轮不到你！"

[明]赵子玉盆、枣花过笼、龙纹水槽

尺　　寸　盆直径 11.4 厘米，高 11 厘米。

参　　阅　《锦灰集珍——王世襄先生旧藏：王世襄先生藏工艺品》，Lot：3057。

文物传承　王世襄旧藏。

品鉴　据王世襄《京华忆往》所记："赵子玉罐，素有十三种之说。其中净面者，光素无款识，除确知为赵子玉所造之外，皆无款识。一般养盆以有赵子玉伪款者为多，戳记文字、式样，不胜枚举。"（《京华忆往》，P54）

[清] 赵子玉盆、枣花过笼、蜘蛛水槽

尺　　寸　盆直径 11.5 厘米，高 11 厘米。
参　　阅　《锦灰集珍——王世襄先生旧藏：王世襄先生藏工艺品》，Lot：3058。
文物传承　王世襄旧藏。

品鉴　据王世襄《京华忆往》所记："赵子玉罐虽名色纷繁，然简而言之，又有共同之特征，即澄泥极细，表面润滑如处子肌肤，有包浆亮，向日映之，仿佛呈绸缎之光华而绝无有杂质之反射，出现纤细之闪光小点。盖腔相扣，严丝合缝，行家毋庸过眼，手指抚摩已知其真伪。"（《京华忆往》，P55）

[清] 赵子玉"倭瓜瓢"养盆、虫篓（六件）

尺　　寸　尺寸不一。

参　　阅　《稽古——中国文房艺术》(2014)，Lot：6399。

文物传承　王世襄旧藏。

> **品鉴**　此组虫具六件，分别为赵子玉"倭瓜黄"养盆、竹编虫篓、枣花过笼、蛐蛐笊篱、粉彩水槽一对。"永胜三秋""古燕赵子玉制"款。

[清] 赵子玉浮面小恭信盆（带水槽）

尺　　寸　　盆直径 12 厘米，高 10.8 厘米。

参　　阅　　《中国嘉德 2019 年春季拍卖会·玩物适情——名家收藏集珍》，Lot：4685。

文物传承　　王世襄旧藏。

品鉴　　此蟋蟀罐秀丽，形制规整，泥质细腻，可见纯度之高，需经多年反复锤炼。造型挺拔硬朗，烧制极透，精致细密，抚之有如处子肌肤。

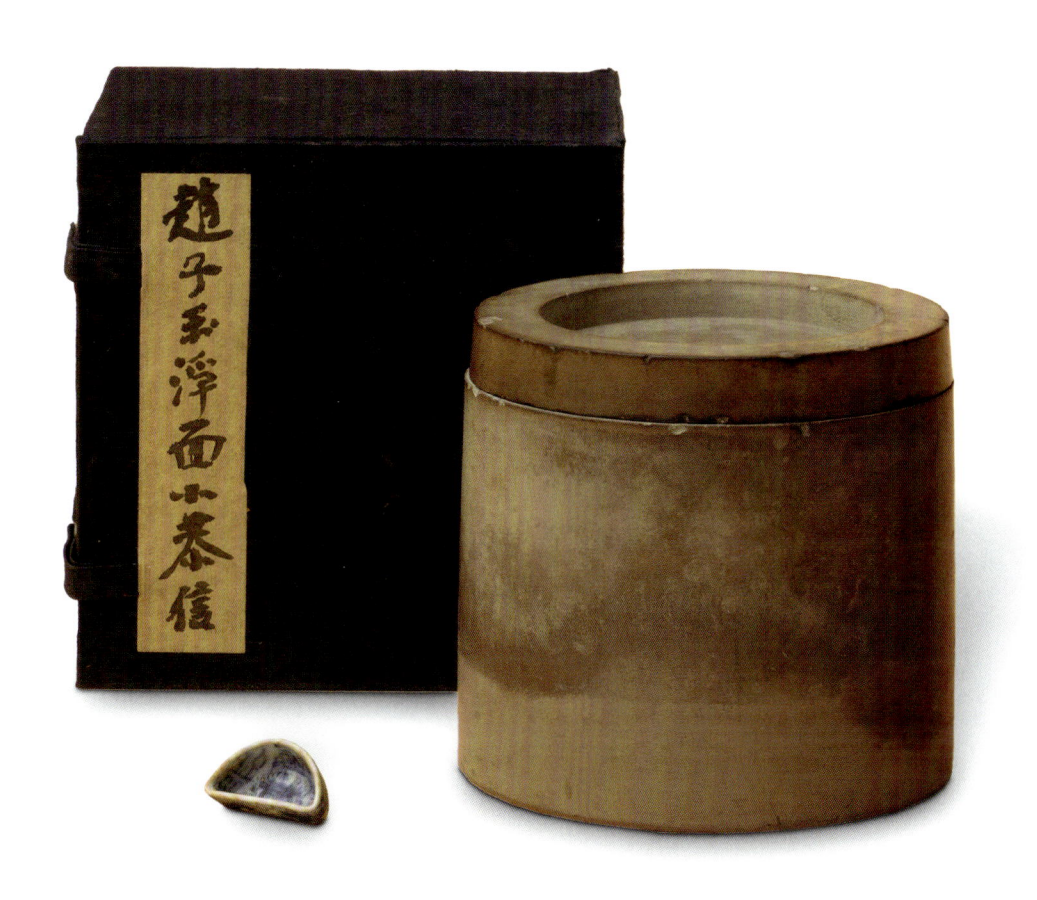

[清康熙]"康熙甲子敬信主人"盆、枣花过笼及蜘蛛水槽

尺　　寸　盆直径 11.7 厘米，高 8.9 厘米。

参　　阅　《锦灰集珍——王世襄先生旧藏：王世襄先生藏工艺品》，Lot：3059。

文物传承　王世襄旧藏。

品鉴　此盆底部和盖内均戳按印"康熙甲子敬信主人"。过笼为单枣花纽，除纽外通体光素。

冬虫用具

蝈蝈葫芦

[明] 紫红小蝈蝈葫芦

尺　　寸　通口高 10.5 厘米，腹径 7 厘米。

著　　录　王世襄著，《中国葫芦》，图版 60，P171。
　　　　　王世襄著，《自珍集》，图版 10.14，P254。

文物传承　王世襄旧藏。

品鉴　关于蝈蝈葫芦，《燕京岁时记》有"以紫润坚厚为上"的记载，即以紫红本长为极品。此类葫芦多以传世当有数百年的大亚腰葫芦截制而成，但腰松、口、翻、脖、肚符合虫具要求的葫芦"千百枚中未必有一"（《自珍集》），这也是其珍贵的原因。其年代早至明代嘉靖、万历，晚至清代康熙、乾隆，因为经过人长时间的摩挲，"乃得肤如处子而色如重枣"（《自珍集》），而假冒者经染色涂脂而成，称"油炸鬼"。

[明或清初] 紫红中蝈蝈葫芦

尺　　寸　通口高 11 厘米，腹径 7.5 厘米。

著　　录　王世襄著，《中国葫芦》，图版 61，P172。
　　　　　　王世襄著，《自珍集》，图版 10.15，P254。。

文物传承　北京护国寺北麻花胡同纪家旧藏，后为王世襄所藏。

> **品鉴**　纪家世代癖虫，此为其旧藏。葫芦的形体、色泽、胎骨均为翘楚。清末民初，与蛐蛐葫芦红雁、紫雁并称"三绝"，闻名北京。葫芦腹部有一小黑斑，或为微瑕，而今日已成为此葫芦的识别标记。

[明或清初] 紫红松脖大蝈蝈葫芦

尺　　寸　通口高 12.4 厘米，腹径 7.3 厘米。
著　　录　王世襄著，《中国葫芦》，图版 65，P176。
　　　　　　王世襄著，《自珍集》，图版 10.17，P255。
文物传承　王世襄旧藏。

> **品鉴**
> 　　此蝈蝈葫芦在民国时期曾享有盛名。当时，北京城南有个叫朱六的人，即用此葫芦，将西山大山青或东山大草白蝈蝈，粘上小药，贮养其中，蝈蝈的声音苍劲而洪亮，在北京城里无可与之匹敌。当时有见识的人都说，"全仗葫芦脖松，象牙口薄，瓢盖不厚，朱翁又善相虫，故有妙音"。（《自珍集》）
> 　　王世襄儿时曾再三向朱六请求瞻仰，遂得一见，并记住了这具蝈蝈葫芦的标志性特征——"花脐一侧，有小孔鼎足而三"。二十年后，王世襄在天桥挂货铺竟无意得之，为之狂喜。此葫芦的牙口和瓢盖虽然显得寒酸，但王世襄仍然不敢随便更换。只是后来王世襄用此葫芦畜大蝈蝈，鸣声已不及当年朱六所养。

官摸子 盤腸 雲蝠紋蝈蝈葫芦 三具

［清道光］官模子蝈蝈葫芦（3具）

参　　阅　《锦灰集珍——王世襄先生旧藏：王世襄先生藏工艺品》，Lot：3080。

文物传承　王世襄旧藏。

◆ 官模子蝙蝠流云蝈蝈葫芦

尺　　寸　通口高 14.8 厘米，口径 6.2 厘米。
著　　录　王世襄著，《中国葫芦》，图版 76，P187。
　　　　　王世襄著，《自珍集》，图版 10.27，P260。

品鉴　此葫芦有模痕六道。流云地，六只蝙蝠飞于其间，形态各异。"花纹清晰，圆熟可爱。"（《自珍集》）

◆ 官模子百寿纹蝈蝈葫芦

尺　　寸　通口高 14.8 厘米，口径 6 厘米。
著　　录　王世襄著，《中国葫芦》，图版 77，P188。

品鉴　此葫芦粗看全身不见模痕，仔细观看可见模痕六道。楷书"寿"字十行，每行五字，共半百。盖此葫芦（成对），合数正好"百寿"。

◆ 官模子盘肠寿字纹蝈蝈葫芦

尺　　寸　通口高 17.5 厘米，口径 6.7 厘米。
著　　录　王世襄著，《中国葫芦》，图版 78，P189。

品鉴　此葫芦有模痕六道，以寿字连缀成框格作图案，实以盘肠，寓意"长寿"。底部作花瓣形图案。

[晚清] 官模子蝈蝈葫芦（四具）

参　　阅　《锦灰集珍——王世襄先生旧藏：王世襄先生藏工艺品》，Lot：3081。

文物传承　王世襄购自清宗室绵宜后人。

◆ 官模子"公余遣兴"蝈蝈葫芦

尺　　寸　通口高 11.3 厘米，口径 6.4 厘米。
著　　录　王世襄著，《中国葫芦》，图版 116，P228。
　　　　　王世襄著，《自珍集》，图版 10.35，P268。

品鉴　范四瓣，缠莲纹地，每瓣上为一个器物文字图案。一瓣上为弦纹觯，篆书"公余遣兴"四字；一瓣上为落叶，书"报秋"二字；一瓣上为壶形器，颈部书"玉"字，腹部书"买春"二字，合为"玉壶买春"；一瓣上为鹅颈壶，书"秋兴"二字。

据王世襄推测，同治、光绪年间，沈阳任盛京户部侍郎的绵宜在园中种植葫芦，"公余遣兴"或与当时身份心境相符，此葫芦或为绵宜所制。

◆ 官模子"玉壶买春"蝈蝈葫芦

尺　　寸　通口高 11.8 厘米，口径 5.5 厘米。
著　　录　王世襄著，《中国葫芦》，图版 115，P227。

品鉴　范四瓣，缠莲纹地，图案为器物文字组合。一瓣上为壶形器，壶颈书"玉"字，腹书"买春"二字，合为"玉壶买春"；一瓣上为落叶，中书"报秋"二字。

另以篆文书诗两句："自是君身有仙骨，何妨皮里具春秋。"王世襄解其诗意云："按'仙骨'指仙瓢，见唐郑审诗。'皮里春秋'乃借用《晋书·褚裒传》中语而赋以新意，谓葫芦里可以贮虫，有关春秋节令也。"（《中国葫芦》）

◆ 官模子"怀我好音"蝈蝈葫芦（一对）

尺　　寸　通口高 11.6 厘米，口径 5.4 厘米。
著　　录　王世襄著，《中国葫芦》，图版 117，P229。

品鉴　范四瓣，长方、八方、椭圆、正圆形，四面开光，开光外缠莲纹地。篆书"撩人清梦""声闻于外，美在其中""怀我好音""饱品金声"，王世襄说其"语语双关，不离蝈蝈与葫芦"。（《中国葫芦》）

[晚清] 官模子蝈蝈葫芦（四具）

参　　阅　《锦灰集珍——王世襄先生旧藏：王世襄先生藏工艺品》，Lot：3083。
文物传承　王世襄购自清宗室绵宜后人。

◆ 官模子水浒故事蝈蝈葫芦

　尺　　寸　通口高17.2厘米，口径6.2厘米。
　著　　录　王世襄著，《中国葫芦》，图版92，P204。

品鉴　　范四瓣。葫芦上为《水浒传》第三十回《武行者夜走蜈蚣岭》故事，讲述武松离开张青、孙二娘店后，为躲避追捕，头戴铁戒箍，颈挂人顶骨数珠，扮成了行者的模样。行至蜈蚣岭时，遇见妖道与妇人在庵中作乐，遂怒而杀之。此葫芦花纹清晰，然亦曾经火笔勾描。

◆ 官模子春梦图蝈蝈葫芦

　尺　　寸　通口高17厘米，口径5.5厘米。
　著　　录　王世襄著，《中国葫芦》，图版93，P205。
　　　　　　王世襄著，《自珍集》，图版10.31，P264。

品鉴　　葫芦上为芳草地，正面一女子坐湖石床入睡，背面为其梦境。左侧蝴蝶双飞，烘托画意。

◆ 官模子云龙麟狮纹蝈蝈葫芦

　尺　　寸　通口高17厘米，口径6.7厘米。
　著　　录　王世襄著，《中国葫芦》，图版88，P199。
　　　　　　王世襄著，《自珍集》，图版10.29，P261。

品鉴　　范四瓣。两麒麟居上，四龙居中，两狮居下，流云地，与前见官模子蝙蝠流云蝈蝈葫芦、官模子孔雀纹蝈蝈葫芦相似。

◆ 官模子山水人物蝈蝈葫芦

　尺　　寸　通口高17.7厘米，口径6厘米。
　著　　录　王世襄著，《中国葫芦》，图版89，P200。

品鉴　　范四瓣。一老者身披蓑衣，头戴竹笠，伛背张伞，正急行过桥。水中芦苇倾斜，一船夫迎风撑船，竭尽全力将船停泊在芦苇丛中，显然是暴风骤雨的急促之景。然而对岸的钓者却背着鱼篓悠闲漫步，远处杨柳垂条，村舍悠远，家门大敞，又是一派风和日丽、祥和安宁的景象。王世襄谓"不知何以一器之上，气候不齐"。（《中国葫芦》）花纹清晰，曾用火笔描绘。

宦稞子棒子四个
蟈蟈山領 春夢圖
山水人物 雲龍麟獅

[晚清] 官模子蝈蝈葫芦（九具）

参　　阅　《锦灰集珍——王世襄先生旧藏：王世襄先生藏工艺品》，Lot：3084。
文物传承　官模子松下高士图蝈蝈葫芦为王世襄旧藏，其余八具均购自清宗室绵宜后人。

◆ 官模子百寿图蝈蝈葫芦（三具）

尺　　寸　通口高 12.7 厘米，口径 6.2 厘米。
著　　录　王世襄著，《中国葫芦》，图版 97，P209。

品鉴　范四瓣，每瓣篆书"寿"字五行，每行五字。整具葫芦共有一百"寿"字，故云"百寿图"。"寿"字写法各异，常见于寿屏或中堂等礼品中。

◆ 官模子团窠花卉纹蝈蝈葫芦

尺　　寸　通口高 12.4 厘米，口径 5.7 厘米。
著　　录　王世襄著，《中国葫芦》，图版 98，P210。

品鉴　范四瓣，斜"卍"字地，上压十三团窠，窠中以荷、梅、竹、兰草、葫芦、石榴、玉兰、缠枝莲、秋海棠等为饰，也有形态罕见不知其名的花纹。

◆ 官模子七夕图蝈蝈葫芦

尺　　寸　通口高 11.7 厘米，口径 6.1 厘米。
著　　录　王世襄著，《中国葫芦》，图版 108，P220。

品鉴　范四瓣，地上牛郎仰望，云端织女坐在织机旁。二人中间隔着天河，河水汹涌湍急，喜鹊架桥于河上。此为七夕牛郎织女鹊桥会的故事。

◆ 官模子百子图蝈蝈葫芦

尺　　寸　通口高 12 厘米，口径 6.5 厘米。
著　　录　王世襄著，《中国葫芦》，图版 84，P195。

品鉴　此葫芦有模痕六道，水牛角口。图案中，三十八名儿童或牵象，或骑竹马，或跑旱船，或荷桃枝，或捧瓶，或捧葫芦，或举旗，或擎荷叶，或放纸鸢，或打太平鼓，或摇鼗鼓，或提磬，或打小锣，或击铜钹，或吹喇叭，或竿挑爆竹等，寓意"太平有象"。眉目清晰，人物纤细，可见模具镂刻极为精致。

◆ **官模子松下高士图蝈蝈葫芦**

尺　　寸　不详。

品鉴　范四瓣，一名高士悠然立于松下，踱步吟诗，摇头捋须，形象生动。天空流云，与松林相得益彰，古雅之风，使人心向往之。

◆ **官模子牡丹纹蝈蝈葫芦**

尺　　寸　通口高 12.2 厘米，口径 5.7 厘米。
著　　录　王世襄著，《中国葫芦》，图版 99，P211。

品鉴　范四瓣，十二朵盛开的牡丹，以枝叶花蕾相连。图案齐整，有对称之美。

◆ **官模子女仙图蝈蝈葫芦**

尺　　寸　通口高 10.9 厘米，口径 5.5 厘米。
著　　录　王世襄著，《中国葫芦》，图版 112，P224。

品鉴　范四瓣，一女立于水上，霓裳当风，裾带飘然，仿佛洛神；另一女立于云中，举篮倾撒，花朵飞落，落英缤纷，颇似天女散花。

[晚清] 官模子蝈蝈葫芦（九具）

参　　阅　《锦灰集珍——王世襄先生旧藏：王世襄先生藏工艺品》，Lot：3088。
文物传承　除官模子八宝纹蝈蝈葫芦为王世襄旧藏外，其余八具均购自清宗室绵宜后人。

◆ 官模子古老钱纹蝈蝈葫芦

　　尺　　寸　通口高12厘米，口径5.5厘米。
　　著　　录　王世襄著，《中国葫芦》，图版94，P206。

品鉴　范四瓣。安肃模子常见钱纹葫芦，官模子中则颇为罕见。

◆ 官模子双龙纹蝈蝈葫芦

　　尺　　寸　通口高11.6厘米，口径5.6厘米。
　　著　　录　王世襄著，《中国葫芦》，图版102，P214。

品鉴　模痕六道。龙身四折，五爪，偶被流云遮蔽。两龙姿态相似。安肃模亦常见龙纹，但多为四爪。

◆ **官模子狮纹蝈蝈葫芦**

尺　　寸　通口高 11.7 厘米，口径 5.8 厘米。
著　　录　王世襄著，《中国葫芦》，图版 104，P216。

品鉴　　范四瓣。图案层次分明。第一层为梅竹冰绽纹地；第二层为八宝，上下各四，凸起较高；第三层为两只伏卧的狮子，头部丰盈，耳部硕大，比表面高出一二分许。王世襄以为此器"借层次之变化突出主题，地文亦繁而不紊，故耐人把玩"。（《中国葫芦》）

◆ **官模子花卉纹蝈蝈葫芦**

尺　　寸　通口高 12 厘米，口径 5.6 厘米。
著　　录　王世襄著，《中国葫芦》，图版 101，P213。

品鉴　　范四瓣。图案为牡丹、秋葵、石榴、秋海棠四种花卉。枝叶彼此交搭，"有侵入相邻一瓣者，借此可略破构图拘束呆滞"。（《中国葫芦》）

◆ 官模子海市蜃楼图蝈蝈葫芦

尺　　寸　通口高 11.5 厘米，口径 5.2 厘米。
著　　录　王世襄著，《中国葫芦》，图版 110，P222。

品鉴　范四瓣。骇浪之中，神龙冲出，吞吐云雾，幻化楼阁。其侧有双鹤横空而翔。王世襄惊呼"三寸葫芦，竟兼摄海天之景"（《中国葫芦》）！据王世襄推测，此图可能本自李时珍《本草纲目·蛟龙》条："蛟之属有蜃……能呀气成楼台城郭之状；将雨即见，名'蜃楼'，亦是'海市'。"

◆ 官模子酒香花韵图蝈蝈葫芦

尺　　寸　通口高 11.7 厘米，口径 5.5 厘米。
著　　录　王世襄著，《中国葫芦》，图版 109，P221。

品鉴　范四瓣。图案中为挑着酒帘的三楹小楼，正对池塘，塘出荷花亭亭玉立。上书"酒香花韵"四字。左侧有圆印，篆书"笔华"二字。王世襄认为，笔华当为艺匏主人，也可能是制范的画手。

◆ 官模子四君子图蝈蝈葫芦

尺　　寸　通口高 12 厘米，口径 4.8 厘米。
著　　录　王世襄著，《中国葫芦》，图版 100，P212。

品鉴　范四瓣。四瓣分别为梅、兰、竹、菊。花纹繁密，王世襄由此想起了文伯仁的《四万图》。

◆ 官模子四狮纹蝈蝈葫芦

尺　　寸　通口高 11.8 厘米，口径 6 厘米。
著　　录　王世襄著，《中国葫芦》，图版 105，P217。

品鉴　范四瓣。四头狮子分成两对，各俯仰相向，图案设计较差，亦不甚清晰。

◆ 官模子八宝纹蝈蝈葫芦

尺　　寸　不详。

品鉴　范四瓣。八宝纹，上为轮、瓶、伞、盖，下为鱼、螺、莲、肠，中为蝙蝠流云。

[晚清] 官模子及安肃模蝈蝈葫芦（九具）

参　　阅　《锦灰集珍——王世襄先生旧藏：王世襄先生藏工艺品》，Lot：3082。

文物传承　除官模子笸箩纹蝈蝈葫芦、安肃模蟠桃献寿图蝈蝈葫芦为王世襄旧藏外，其余七具均购自清宗室绵宜后人。

◆ 官模子秋郊仕女图蝈蝈葫芦

尺　　寸　通口高 11.5 厘米，口径 5.8 厘米。
著　　录　王世襄著，《中国葫芦》，图版 107，P219。

> **品鉴**　范四瓣。图案为秋日郊游景象。一女子背着竹竿、提着竹篮，在坡间向湖畔走来。芦草丛中，有靠岸的小船，船上一妇人绾着高髻，倚靠着坞篷远眺。

◆ 官模子八棱印章蝈蝈葫芦

尺　　寸　通口高 11.6 厘米，口径 4.8 厘米。
著　　录　王世襄著，《中国葫芦》，图版 118，P230。

> **品鉴**　范四瓣，形作八棱。每棱图案上为暗八仙，中为印章，下为八宝。印章形状方圆不一，除一模糊不清外，其余七者分别为印文为"因缘""砚田""墨韵""明月楚篱""山间明月""鸿""山水清音"。

◆ 官模子八宝纹蝈蝈葫芦

尺　　寸　通口高 11.8 厘米，口径 5.2 厘米。
著　　录　王世襄著，《中国葫芦》，图版 111，P223。

> **品鉴**　范四瓣。江水宽阔湍急，舳舻相接，张帆远航。堤岸上的楼阁、草木、石阶皆清晰可见。由于图案精细烦琐，需要一边旋转一边仔细观看，才能一览全图。王世襄评价此葫芦"小中见大，有咫尺千里之势，在范匏中实不多见"。（《中国葫芦》）

◆ 官模子鹤鹿同春图蝈蝈葫芦

　　尺　　寸　通口高 11.4 厘米，口径 5.5 厘米。
　　著　　录　王世襄著，《中国葫芦》，图版 106，P218。

品鉴　　范四瓣。两鹤悠然自得，双鹿清新明净，与灵芝、仙桃、修竹、长松为伴，远离尘世，如入仙境。

◆ 官模子龙凤纹蝈蝈葫芦

　　尺　　寸　通口高 11.8 厘米，口径 5.6 厘米。
　　著　　录　王世襄著，《中国葫芦》，图版 103，P215。

品鉴　　范四瓣。龙横身扫尾，凤展翅翱翔。龙凤彼此相对，上配轮、螺、伞、盖，下配花、罐、鱼、肠，合为八宝。

◆ 官模子古老钱纹蝈蝈葫芦

　　尺　　寸　不详。

品鉴　　范四瓣。安肃模子常见钱纹葫芦，官模子中则颇为罕见。此葫芦与另一件官模子古老钱纹蝈蝈葫芦图案极为相似，唯尺寸略小，故亦称"官模子古老钱纹蝈蝈葫芦"。

◆ 官模子女仙图蝈蝈葫芦

尺　　寸　不详。

著　　录　王世襄著，《中国葫芦》，图版112，P224。

> **品鉴**　范四瓣。一女立于水上，霓裳当风，裾带飘然，仿佛洛神；另一女立于云中，举篮倾撒，白花飞落，落英缤纷，颇似天女散花。此葫芦与另一件官模子女仙图蝈蝈葫芦图案极为相似，唯尺寸略小，故亦称"官模子女仙图蝈蝈葫芦"。

◆ 官模子笤箩纹蝈蝈葫芦

尺　　寸　通口高11.6厘米，口径5.4厘米。

著　　录　王世襄著，《中国葫芦》，图版95，P207。

> **品鉴**　范四瓣。此葫芦虽名"笤箩纹"，但造型和图案细部却模拟汲水的柳罐。王世襄认为圆形葫芦不宜做成笤箩纹，因为"笤箩平扁如箕，结扎通体如一"。而此葫芦能够如此逼真，盖因雕制此范者曾面对柳罐精心刻画。

◆ 安肃模蟠桃献寿图蝈蝈葫芦

尺　　寸　通口高10.8厘米，口径6厘米。

著　　录　王世襄著，《中国葫芦》，图版122，P235。

> **品鉴**　该葫芦模痕六道。西王母手执麈尾，荷竿持篮。篮中盛有蟠桃。身旁一猴正神态恭谨，捧桃跪献。身后蟠桃满树，鹿鹤同鸣，描绘出一派仙境气象。

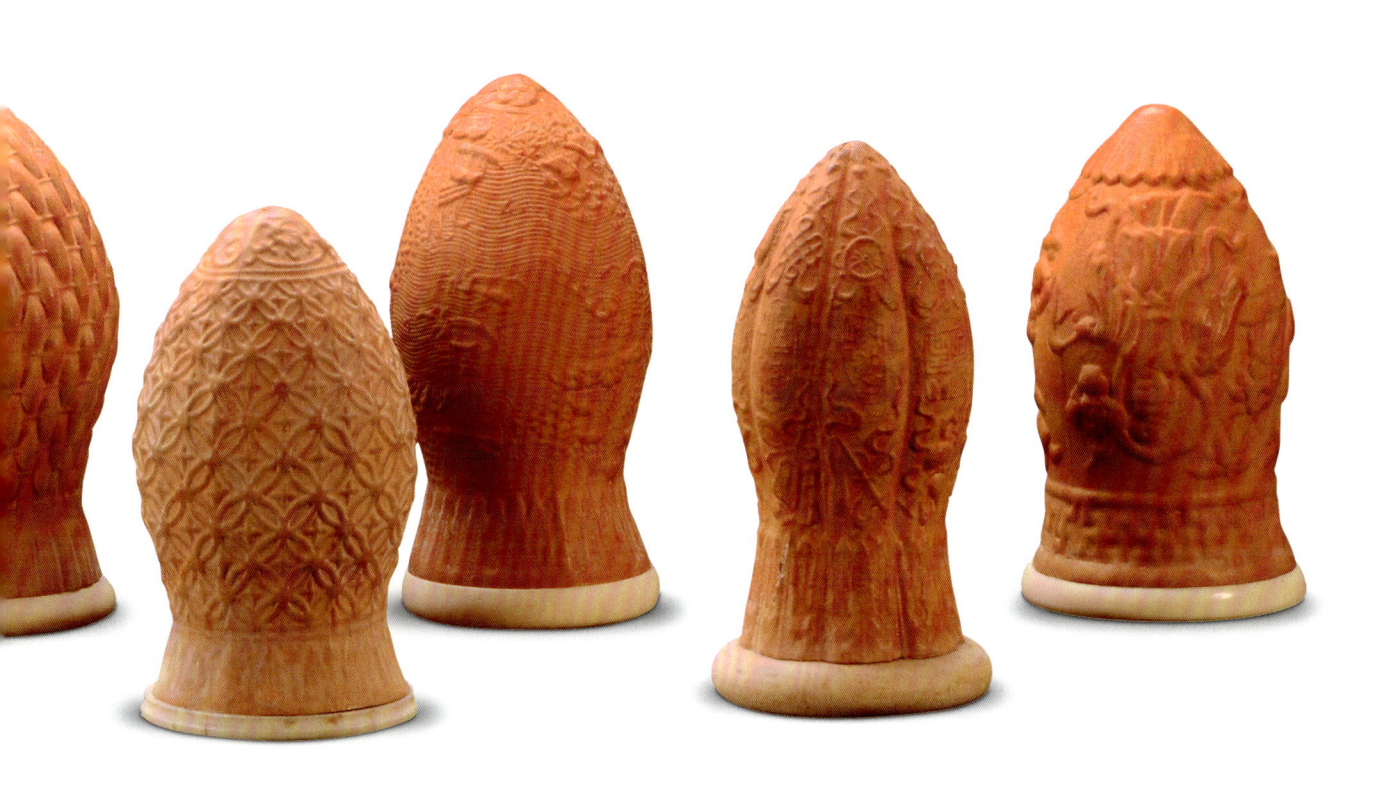

[清咸丰] 三河刘棒子式小蝈蝈葫芦（成对）

尺　　寸　通口高 14 厘米，口径 4.6 厘米。
　　　　　　通口高 13.8 厘米，口径 4.8 厘米。
著　　录　王世襄著，《中国葫芦》，图版 126，P239。
　　　　　　王世襄著，《自珍集》，图版 10.46，P276。
参　　阅　《锦灰集珍——王世襄先生旧藏：王世襄先生藏工艺品》，Lot：3085。
文物传承　王世襄旧藏。

品鉴

此对葫芦无花纹，但因翻范时，先用纸包裹木模，再敷泥，因而葫芦上有不规则纸纹。故此，有人称其为"纸模子"，这是三河刘葫芦的一大特色。葫芦形似玉米，因北京俗称玉米为"棒子"，故称"棒子式"。此对葫芦为三河刘棒子式中的小号者，用于贮养翠绿色的小蝈蝈；又因其长短和围径与扎嘴葫芦大体相当，所以又可用于贮养扎嘴。

三河，即今河北省三河市。清咸丰年间，这里出了一位名叫刘显庭的葫芦范制高手，人称"三河刘"。作为民间范制者，范制图案很难与皇家文人荟萃的官模子相媲美，所以刘显庭范制的葫芦，索性一律取其天然光素，这一下，"三河刘"葫芦的售价竟然超出官模子数倍。

三河刘的葫芦胎质疏松，养虫家称其为"糠胎"。由于鸣虫是以鼓动翅膀发出声响，因而糠胎葫芦比胎质坚实者更容易引起共鸣。此外，三河刘葫芦始终保持着原有的白色光泽，也是其一大特色。

玲珑万象　／杂项篇／

449

[清咸丰] 三河刘和尚头式油壶鲁葫芦（两具）

参　　阅　《锦灰集珍——王世襄先生旧藏：王世襄先生藏工艺品》，Lot：3086。

文物传承　王世襄旧藏。

◆ 三河刘和尚头式高身油壶鲁葫芦

　　尺　　寸　通口高 9.5 厘米，腹径 6 厘米。
　　著　　录　王世襄著，《中国葫芦》，图版 147，P261。
　　　　　　　王世襄著，《自珍集》，图版 10.47，P277。

品鉴　　三河刘和尚头式高身油壶鲁葫芦，肚、翻较长，高身葫芦在三河刘中极为罕见。清末民初，养虫家尚仅知听本叫，高深葫芦因不易出音而备受冷落。20 世纪 20 年代以后，粘药开始盛行，此器因三河刘绝少高身葫芦而身价十倍。象牙口框，双凤朝阳玳瑁蒙心，刻工精湛，双凤身上的羽毛，尤见雕工的功力。王世襄以为此件定出自名手，唯无从查考姓氏。

◆ 三河刘和尚头式油壶鲁葫芦

　　尺　　寸　通口高 10.8 厘米，腹径 4.9 厘米。

品鉴　　范痕难辨，略见纸纹。腰居中，匀称造型。为适应油壶鲁穴居而不离土壤的习性，肚内乃以土垫底。象牙口框，"喜上眉梢"蒙心。

鸽 哨

"鸣"字

[清末至民国]"鸣"字深紫漆大葫芦鸽哨

尺　　寸　直径 10.3 厘米，高 8.3 厘米。
参　　阅　《锦灰集珍——王世襄先生旧藏：王世襄先生藏工艺品》，Lot：3070。
文物传承　王世襄旧藏。

品鉴　哨浑圆，刀口齐，漆深紫。八家鸽哨之中，传世作品本以"鸣"字为最少，大葫芦鸽哨更为难得。底刻"鸣"字。刻字工整有力。

"祥"字

[近代]"祥"字葫芦鸽哨（6对）

尺　　寸　尺寸不一。
参　　阅　《锦灰集珍——王世襄先生旧藏：王世襄先生藏工艺品》，Lot：3064。
文物传承　王世襄旧藏。

品鉴　哨浑圆，刀口齐，漆深紫。八家鸽哨之中，传世作品本以"鸣"字为最少，大葫芦鸽哨更为难得。底刻"鸣"字。刻字工整有力。

[近代]"祥"字王世襄火画草虫葫芦（8枚）

尺　　寸　尺寸不一。

参　　阅　《锦灰集珍——王世襄先生旧藏：王世襄先生藏工艺品》，Lot：3065。

文物传承　王世襄旧藏。

品鉴

此八枚葫芦肚圆浑，漆黄色。王世襄火绘蝴蝶、蜜蜂、蜘蛛、蚂蚱等草虫，图画各异，富有趣味。

王世襄请"祥""文""鸿"等家制鸽哨，一般只漆哨口，葫芦肚保留本色，以供他人火绘图案。鸽哨上火绘只宜烫在葫芦一类上，有地可施。

[近代]"祥"字火画草虫大葫芦（1对）

尺　　寸　尺寸不一。
参　　阅　《锦灰集珍——王世襄先生旧藏：王世襄先生藏工艺品》，Lot：3066。
文物传承　王世襄旧藏。

品鉴

两枚葫芦火画痕迹深浅不一，各一只螳螂，一伏于草丛间，一伏在枝叶上。造型准确，惟妙惟肖。

据王世襄《北京鸽哨》记载，依据葫芦的围径，一般可将鸽哨葫芦分为大、中、小三号，但实际上一般只有大型、中型葫芦，因为过小的葫芦音尖。

[近代]"祥"字竹质二筒鸽哨（8枚）

尺　　寸　尺寸不一。

参　　阅　《锦灰集珍——王世襄先生旧藏：王世襄先生藏工艺品》，Lot：3063。

文物传承　王世襄旧藏。

> **品鉴**　"筒"类鸽哨，是在直管上安哨口。此组鸽哨，用竹挖制，二筒紧挨，前短后长，前哨不影响后哨发音。由于一般二筒的管较粗，因此常常在哨口前加一对小崽，其音与大筒和谐。

"文"字

[近代]"文"字葫芦（成对）、截口（3对）

尺　　寸　尺寸不一。
参　　阅　《锦灰集珍——王世襄先生旧藏：王世襄先生藏工艺品》，Lot：3067。
文物传承　王世襄旧藏。

品鉴　此组鸽哨皆漆黄色。葫芦尺寸大于截口，漆色更深。哨口后额（统称"后脑门"）圆浑，可减少气流阻力，从而减轻鸽子负荷。这是"文"字制哨的一大特色。

"截口"是"葫芦截口"的简称，和葫芦的外貌基本相同，唯哨口和内室均截隔为二，故名。由于哨口与内室的截隔存在偏分，因此其音一高一低，统称"阴阳音"。名家制的鸽哨，截口两音相差为大二度或小三度，非常和谐。

鸽哨底刻"文"字。"文"字，京城制哨八大家、小四家之一，指陶佐文制哨，其哨向来精致，王世襄曾在《制哨名家》一文中提及："向他定活，颇费时日，工则极细。"

"鸿"字

[近代]"鸿"字葫芦两对及截口（三对）

尺　　寸　尺寸不一。
参　　阅　《锦灰集珍——王世襄先生旧藏：王世襄先生藏工艺品》，Lot：3062。
文物传承　王世襄旧藏。

品鉴　此组鸽哨包括两对葫芦和三对葫芦截口。筒底刻"鸿"字。"鸿"字，京城制哨八大家、小四家之一，指吴子通制哨，他制的鸽哨哨口微斜，有些鸽哨更是音响绝佳，是养鸽家们公认的。

[近代]"鸿"字紫漆鸽哨七星（五对）、二筒（一对）

尺　　寸　尺寸不一。

参　　阅　《锦灰集珍——王世襄先生旧藏：王世襄先生藏工艺品》，Lot：3060。

文物传承　王世襄旧藏。

品鉴　七星鸽哨，漆紫色，星子肚，即采用细腰葫芦上面的扁圆肚制成。肚上安哨口，下安哨鼻。肚前后各粘一根管直哨，前细后粗，分别称"门崽""后筒"；肚两侧各安小崽两枚。每哨共七个星眼，故名"七星"。

在王世襄所藏鸽哨中，星眼过多者几乎没有。这是因为星眼过多会妨碍鸽哨发音。每增小崽，数量必为双，以左右各一，使哨子左右对称。因小崽下端插入星子肚，占去肚内空间，故小崽越多，哨身须加大。当小崽多到一定程度，就会影响哨音。据王世襄先生研究，"自二十一眼以上，崽越密而管越细，星子肚也填得越满，故所能发出的音量也越微"。

二筒鸽哨，属联筒类，亦漆紫色。

[近代]"鸿"字紫漆鸽哨九星（四对）

尺　　寸　尺寸不一。

参　　阅　《锦灰集珍——王世襄先生旧藏：王世襄先生藏工艺品》，Lot：3061。

文物传承　王世襄旧藏。

品鉴　哨漆紫色，星子肚。肚上及两侧共九小崽，故称"九星"。尺寸不一，音色有别。

混 合

［近代］"祥"字紫漆鸽哨十五眼（一对）、**"鸿"字紫漆鸽哨十一眼**（五对）

尺　　寸　尺寸不一。
参　　阅　《锦灰集珍——王世襄先生旧藏：王世襄先生藏工艺品》，Lot：3068。
文物传承　王世襄旧藏。

品鉴

十五眼鸽哨,漆紫色,偏黄。在星子肚和后筒之间又安一对小崽,后筒和星子肚的哨口上各安一枚小崽,总计十五哨。

十一眼鸽哨,漆紫色,偏深。

[近代]"文"字葫芦（四对）、截口（九枚），"祥"字截口（一枚）

尺　　寸　尺寸不一。
参　　阅　《锦灰集珍——王世襄先生旧藏：王世襄先生藏工艺品》，Lot：3069。
文物传承　王世襄旧藏。

品鉴　葫芦、截口均漆黄色，葫芦色略深。"文"字葫芦及截口后脑门圆浑，可减少气流阻力，减轻鸽子负荷。

玲珑万象 / 杂项篇 /

465

五、杂　类

◈ 鼻烟壶 ◈

[清道光] 官模子蝠磬纹鼻烟壶

尺　　寸　　高 5.8 厘米，宽 5 厘米。
著　　录　　王世襄著，《中国葫芦》，图版 37，P148。
参　　阅　　《中国嘉德 1997 年春季拍卖会·瓷器玉器鼻烟壶工艺品》，Lot：499。
文物传承　　王世襄旧藏。

品鉴　壶范四瓣。模出蝙蝠、樱桃枝、扇、磬各一，寓意"福因善庆"。

[清道光] 官模子八方杜甫诗鼻烟壶

尺　　寸　高 6.9 厘米。

参　　阅　《中国嘉德 1997 年春季拍卖会·瓷器玉器鼻烟壶工艺品》，Lot：500。

文物传承　王世襄旧藏。

品鉴　壶直口，镶象牙圈，壶体呈八棱柱形，平底。壶体上下饰回纹，中间为杜甫诗文书法，并有"道光年制"楷书款。

[清道光] 官模子花卉山石纹鼻烟壶

尺　　寸　通高 6.4 厘米，宽 5.7 厘米。

著　　录　王世襄著，《中国葫芦》，图版 39，P150。

　　　　　王世襄著，《自珍集》，图版 9.27，P241。

参　　阅　《中国嘉德 1999 年春季拍卖会·瓷器漆器工艺品家具》，Lot：0240。

文物传承　王世襄旧藏。

品鉴　　此壶范四瓣，扁壶形。两面开光，一面饰牡丹山石，一面饰菊花山石。原壶盖已散失，王世襄置清宗室绵宜所制"寿"纹葫芦圆片于其上。此圆片本来也是为镶烟壶盖而制作的。

[晚清] 官模子马上封侯鼻烟壶

尺　　寸　高 6.6 厘米，宽 3.6 厘米。

著　　录　王世襄著，《中国葫芦》，图版 41，P152。

王世襄著，《自珍集》，图版 9.26，P241。

参　　阅　《俪松居长物——王世襄、袁荃猷珍藏中国艺术品》，Lot：1235。

文物传承　王世襄旧藏。

品鉴　此壶范四瓣，一面柳树下系马，一面猴攀树摘桃，寓意"马上封侯"。身小的烟壶，图案难以印全，而此壶模印清晰，实属难得。据王世襄考证，此为清宗室绵宜于光绪年间在沈阳开匣所制。

[清中期] 押花紫红葫芦鼻烟壶

尺　　寸　通高 6.5 厘米，腹径 4 厘米。

著　　录　王世襄著，《中国葫芦》，图版 33，P144。

参　　阅　《中国嘉德 1997 年春季拍卖会·瓷器玉器鼻烟壶工艺品》，Lot：501。

　　　　　《中国嘉德 1999 年春季拍卖会·瓷器漆器工艺品家具》，Lot：0244。

文物传承　王世襄旧藏。

品鉴

此壶腹部圆中带方，正背两面较平，左右侧中部则稍凸出，遂有上下两个斜面。其形状不像是天生的，当是出自素范。图案为六个分棱团卵形物，上面覆盖着叶片，可名之为瓜。

口隙处有一道回纹，押痕浅柔，未伤皮肉，刻画并不工整而富于古意。据王世襄介绍，其所识养虫家讷绍先、金仲三及估贩赵子臣等人均称这种押工为"老押花杨"。

壶盖用红、白两色铜锤成，盖顶有蟾蜍踞坐，如银制。

[晚清] 押花福寿纹鼻烟壶

尺　　寸　通高 6.6 厘米，腹径 3.5 厘米。
著　　录　王世襄著，《中国葫芦》，图版 34，P145。
参　　阅　《中国嘉德 1996 年春季拍卖会·瓷器玉器鼻烟壶工艺品》，Lot：846。
文物传承　王世襄旧藏。

品鉴　此烟壶以长颈小葫芦夹扁制成，两面押蝠纹、圆寿字，寓意"福寿双全"，押法独特，或出自同光时期人手。象牙嵌翠石镶口，牙口镂刻甚工。

[晚清]"风景依稀似去年"山水纹鼻烟壶

尺　　寸　直径6.1厘米，高8.6厘米。

著　　录　王世襄著，《中国葫芦》，图版43，P154。

参　　阅　《锦灰集珍——王世襄先生旧藏：王世襄先生藏工艺品》，Lot：3076。

文物传承　王世襄旧藏。

品鉴　此壶一面画山中小亭，一面书"风景依稀似去年"七字，画风较拙，书法亦不佳。壶两侧各有凸起四处，似非特意设计。疑为安肃民间制品。

[现代] 子孙万代纹鼻烟壶

尺　　寸　高 5.5 厘米，下肚径 3.5 厘米。

著　　录　王世襄著，《自珍集》，图版 9.28，P241。

参　　阅　《俪松居长物——王世襄、袁荃猷珍藏中国艺术品》，Lot：1236。

文物传承　王世襄旧藏。

品鉴　"子孙万代纹"是葫芦纹的一种，特点是多蔓多实，有果实累累、繁衍久远之意。此壶为 2000 年前后天津制品，染色后如清后期之物，几可以假乱真。

如 意

[清中期] 紫檀如意

尺　　寸　长49厘米。
参　　阅　《锦灰集珍——王世襄先生旧藏：王世襄先生藏工艺品》，Lot：3017。
文物传承　王世襄旧藏。

品鉴　此如意柄首为花瓣形，祥云纹锦地上雕象驮宝瓶八宝纹。象驮宝瓶居中，周围绕以花、鱼、伞、轮、肠、盖、螺，寓意太平长久。柄握为瓶形，中心刻子龙纹环抱太极，柄穿瓶心而过。柄端刻团"寿"字和蝙蝠纹，系如意结和流苏穗子。此如意融佛教、道教和民间吉祥图案于一体，纹样丰富，寓意安详。

[清中期] 紫檀如意

尺　　寸　长 47.5 厘米。
参　　阅　《锦灰集珍——王世襄先生旧藏：王世襄先生藏工艺品》，Lot：3018。
文物传承　王世襄旧藏。

品鉴　此如意黑漆髹金。柄首、柄握、柄端皆为花瓣形，起线开光，内刻喜鹊、梧桐。喜鹊羽毛描金、梧桐叶脉精细，与黑底相配，更显精致典雅。梧桐与喜鹊取谐音"同喜"，象征喜庆。

葫 芦

[清] 绾结葫芦（成对）

尺　　寸　高 43.5 厘米，腹径 15.5 厘米。
著　　录　王世襄著，《中国葫芦》，图版 5，P112。
参　　阅　《方物——文人书斋长物》(2014)，Lot：2170。
文物传承　王世襄旧藏。

品鉴

此对葫芦的身高与绾结皆相等，有如孪生，极为罕见。

清《佩文斋广群芳谱》卷十七《壶卢》载绾结葫芦制作之法："如欲打结，待葫芦生成，趁嫩时将其根下土挖去一边，轻掰开根头，挼入巴豆肉一粒在根里，仍将土罨其根，二三日，通根藤叶俱软敝欲死却，任意将葫芦结成或绦环等式，仍取去根中巴豆，照旧培浇，过数日，复鲜如故，俟老收之。"

王世襄得到这对葫芦后，十分喜爱，称"设为张叔未见，定讶为神物矣"，足见其珍贵。

[清乾隆] 模印寿字纹尊

尺　　寸　通高 33.5 厘米，下肚宽 12 厘米。
著　　录　王世襄著，《中国葫芦》，图版 19，P126。
　　　　　王世襄著，《自珍集》，图版 9.22，P238。
参　　阅　《俪松居长物——王世襄、袁荃猷珍藏中国艺术品》，Lot：1234。
文物传承　王世襄旧藏。

品鉴　此葫芦整体呈上椭下方形制。上肚任其自然生长。下肚入范，形成正方抹角，四面饰以团"寿"字和卷草纹。底部花纹精细整齐，无款。乾隆时期宫廷御制匏器。王世襄根据现藏北京故宫博物院之四兽纹尊研究，认为此葫芦已范成器而未裁切成尊，再镶口施髹饰。因此此件虽是完整葫芦，仍名为"尊"。

[清道光] 官模子六方回纹葫芦

尺　　寸　径8厘米，高5厘米。

著　　录　王世襄著，《中国葫芦》，图版27，P138。

　　　　　王世襄著，《自珍集》，图版9.24，P240。

参　　阅　《俪松居长物——王世襄、袁荃猷珍藏中国艺术品》，Lot：1231。

文物传承　王世襄旧藏。

品鉴　此葫芦六方形，六面均印回纹。每面回纹有二，以曲线分割开。用单肚小葫芦范成，故顶部的尚留柄蒂。造型扁隘，其大小似乎只能把玩，而不宜贮养冬日鸣虫。这种小型葫芦器，大约从嘉庆、道光时期开始流行。如果不是出自御苑，就是出自贵胄府邸，所以称其为"官模子"。

[清道光] 官模子四方瓦当纹葫芦

尺　　寸　径 6.2 厘米 ×6.2 厘米，高 5.8 厘米。

著　　录　王世襄著，《中国葫芦》，图版 29，P140。

　　　　　　王世襄著，《自珍集》，图版 9.25，P240。

参　　阅　《俪松居长物——王世襄、袁荃猷珍藏中国艺术品》，Lot：1230。

文物传承　1949 年 7 月，王世襄购自香港。

品鉴　此葫芦三面分别模印"长毋相忘""宜富当贵""飞鸿延年"瓦当纹饰。一面模印"汉瓦当文字，兰兰摹"八字行书款；旁加小长方印，字迹难辨。底部圆圈居中，四角填云纹。

[清道光] 官模子"介尔景福"方匏盂

尺　　寸　直径6.8厘米，高5.2厘米。

著　　录　王世襄著，《中国葫芦》，图版28，P139。

参　　阅　《锦灰集珍——王世襄先生旧藏：王世襄先生藏工艺品》，Lot：3075。

文物传承　王世襄旧藏。

品鉴　此件官模子"介尔景福"方匏盂，上边的平面全部切去作口，很像是有待铃口的水中丞。髹里，配铜胆。王世襄认为，此器"如谓扎嘴笼，则不须开如此大之口也"。（《说葫芦》）四面分别模印"介""尔""景""福"四字。"介尔景福"是出自《仪礼·士冠礼》的吉祥语。

[晚清] 六方博古纹葫芦

尺　　寸　　直径 7.5 厘米，高 5.4 厘米。

著　　录　　王世襄著，《中国葫芦》，图版 31，P142。

参　　阅　　《锦灰集珍——王世襄先生旧藏：王世襄先生藏工艺品》，Lot：3071。

文物传承　　王世襄旧藏。

品鉴　　葫芦六面，其中四面分范琴、棋、书、画图案，其余两面，一面为笔与银锭，一面为如意，取"必定如意"的谐音。相对而言，此葫芦更接近民间习俗。王世襄曾说："意匠纹饰皆出文人机杼，此则较俚俗而有民间气息，画稿木雕，当出工匠之手，时代亦较晚。"（《说葫芦》）

[晚清] 勒花呼鸟葫芦、近代揉手勒花小葫芦（成对）

尺　　寸　勒花呼鸟葫芦：通高 4 厘米，径 3.1 厘米；
　　　　　　揉手勒花小葫芦（成对）：径 3.5 厘米。

著　　录　王世襄著，《中国葫芦》，图版 45、46，P156、157。

参　　阅　《锦灰集珍——王世襄先生旧藏：王世襄先生藏工艺品》，
　　　　　　Lot：3072.。

文物传承　王世襄旧藏。

品鉴

勒花呼鸟葫芦，葫芦与揉手葫芦相同。骨轴贯其中，一端留有柄，状如握拳的手臂，非常小巧，可以用两指相持。葫芦中灌注沙粒，摇动有声响，应该是用来呼鸟用的。据王世襄研究："京人喜养交嘴、祝顶红、老西子等山禽，可使其开箱衔旗，叼八封盒等，皆如人意，《燕京岁时记》已有记载。驯鸟时随摇葫芦饲以苏子，狎熟后闻声即落人掌上。"

揉手勒花小葫芦，单肚细柄，顶部没有凸起，应是小葫芦的别种，与兰州产的小葫芦不太一样。两枚小葫芦等大，用以揉手，能够舒筋活血。

暖手、手捻

[明] 圆雕沉香鸳鸯暖手

尺　　寸	8厘米×6.5厘米，高5厘米。
著　　录	朱家溍、王世襄编，《中国美术全集·工艺美术编（11）：竹木牙角器》，图版70。 王世襄著，《自珍集》，图版9.17，P231。
参　　阅	《俪松居长物——王世襄、袁荃猷珍藏中国艺术品》，Lot：1140。
文物传承	20世纪50年代，王世襄购自北京崇文门外青山居。

品鉴　此暖手沉香木质，大小适中，适合置于手。圆雕鸳鸯相偎甚亲昵，背上莲花并蒂开，寓意成双入对。此类圆雕小品，最适宜把玩，故称"暖手"。沉香木稍受温即散香，因而比其他的木材更适宜制作暖手。

[近代] 各式手捻七件及花梨木小盒

尺　　寸　尺寸不一。
参　　阅　《锦灰集珍——王世襄先生旧藏：王世襄先生藏工艺品》，Lot：3024。
文物传承　王世襄旧藏。

> **品鉴**
>
> 　　本组手捻共七件，包括圆形手捻两件、鸽蛋状手捻四件、鹅蛋形手捻一件。由多种材料制成，色泽、纹理多样，雅致古朴，大小正适合置于手掌中。经长时间把玩沉淀，包浆细腻均净，手感舒适光滑，可爱有趣。
>
> 　　花梨木小盒，木鱼状，通体无饰，纹理自然流畅，美观大方。小盒由上中下三部分拼合粘接而成。顶部光亮明快，中部木色沉郁，底部色泽红褐，三层层次分明。底部做四足支撑的弧面，刻英文字母。腹部开屉。

底 座

[近代] 楠木底座

尺　　寸　12.7 厘米 × 10.2 厘米 × 10.5 厘米。
参　　阅　《锦灰集珍——王世襄先生旧藏：王世襄先生藏工艺品》，Lot：3022。
文物传承　王世襄旧藏。

品鉴　此底座楠木质，取法天然，随其自然形状雕刻。台面小而平整，通体凹凸怪巧，包浆深沉厚重，用于花瓶、香薰等文玩。

铜　车

[明或更早] 仿汉 "斑鸠" 铜车

尺　　寸　　长 5.8 厘米，高 4.3 厘米。

参　　阅　　王世襄被查抄物品清单档案。

《时和笔畅——名家旧藏文房古器物》，Lot：3837。

文物传承　　王世襄旧藏，赠予韵苏。

"王世襄旧藏小铜佛等古玩十件一盒"之一。

瓷 器

[清中期] 青花凤穿花纹花盆

尺　　寸　长39厘米，宽22厘米，高13.3厘米。
参　　阅　《玩物适情——名家收藏集珍》，Lot：4651。
文物传承　王世襄旧藏。

品鉴　花盆呈长方形，折沿，斜直壁，底部微收，有圈足。盆内部三分之二处作水波纹隔断，将盆内空间一分为二。盆外壁以青花满绘凤穿花纹样，圈足上则绘饰水波纹。整器釉色纯净，绘饰精巧，典雅端庄。

[清] 紫砂大方盆（四件）

尺　　寸　尺寸不一。

参　　阅　《玩物适情——名家收藏集珍》，Lot：4650。

文物传承　王世襄旧藏。

> **品鉴**　方盆共四只，以紫砂为材制成。形制相仿，大小相近，皆呈四方形，折沿撇口，下承四折角足。其造型规整，体态硕大，通体无工，简约端庄。

[民国] 紫砂大鱼盆（带座）

尺　　寸　直径 51.5 厘米，高 33.5 厘米；座直径 75 厘米，高 10 厘米。

参　　阅　《玩物适情——名家收藏集珍》，Lot：4646。

文物传承　王世襄旧藏。

> **品鉴**　盆以紫砂为材制成，圆口直壁，底部微敛。器型较大，周身光素，仅在口沿处、中部、底部各饰一道粗弦纹，视之质朴端庄。下配硬木底座，座形制考究，设四足与座面相交，足间设壶门牙板，结构严谨，有高古家具风韵。

法 器

[明] 鎏金铜金刚杵

尺　　寸　长 15 厘米。
著　　录　王世襄著,《自珍集》,图版 9.4,P216。
参　　阅　《俪松居长物——王世襄、袁荃猷珍藏中国艺术品》,Lot:1239。
文物传承　20 世纪 50 年代,王世襄购自北京琉璃厂古玩店。

品鉴　金刚杵为藏传佛教重要法器之一,与铃同组,合称"铃杵"。此杵为中等尺寸,制作工艺中等。

[明] 鎏金铜金刚橛

尺　　寸　高 13.8 厘米。

著　　录　王世襄著，《自珍集》，图版 3.42，P82。

参　　阅　《俪松居长物——王世襄、袁荃猷珍藏中国艺术品》，Lot：1237。

文物传承　王世襄旧藏。

> **品鉴**　金刚橛为藏传佛教中常用法器。橛上端呈人首状，凝眉怒目，口大张，齿如利刃，须如屈铁，有唐俑力士天王之凶悍。王世襄认为，其溯源可上至上古玉器花纹。

[明] 鎏金木雕金刚橛

尺　　寸　高 17 厘米。
著　　录　王世襄著，《自珍集》，图版 3.43，P82。
参　　阅　《俪松居长物——王世襄、袁荃猷珍藏中国艺术品》，Lot：1238。
文物传承　王世襄旧藏。

> **品鉴**　　橛上端雕三具神面，散发直立，有冲天势。五官紧蹙，狰狞恐怖。头顶饰以数颗骷髅。王世襄评价说："神面之剔刻似不经意，而造型怪谲，刀痕爽利，可见其技法娴熟。"（《自珍集》）

[清] 铜鎏金法器（三件）

尺　　寸　长 24 厘米，长 23.5 厘米，长 22.5 厘米。

参　　阅　《玩物适情——名家收藏集珍》，Lot：4645。

文物传承　王世襄旧藏。

品鉴

法器略似金刚杵。器身部分或呈扁方体，或呈椭圆状，腹部略鼓，首端纤细。三者皆上承摩羯头，下为摩尼宝，刻画细腻，工艺精良，生动灵现，为清代宫廷法器的标准式样。

《 杂 项 》

[清] 杉木拂尘

尺　　寸　长61厘米。

参　　阅　《锦灰集珍——王世襄先生旧藏：王世襄先生藏工艺品》，Lot：3015。

文物传承　王世襄旧藏。

品鉴　　在魏晋南北朝时期，文人清谈时常手执拂尘，显其仙风道骨。拂尘对于雅好清谈的文人，是必不可少之道具。明清时期，文房中亦常陈设拂尘，以示高雅不俗。

此拂尘柄杉木质，柄端以浅色马毛编制方胜纹。方胜纹为吉祥纹的一种，其形为几何状，方直而非圆曲，其形压角相叠，意寓正胜。除了宗教，拂尘也是古代皇室卤簿仪仗之一，按等级各有定制。

[清] 木构件各式（十三件）

尺　　寸　尺寸不一。
参　　阅　《锦灰集珍——王世襄先生旧藏：王世襄先生藏工艺品》，Lot：3030。
文物传承　王世襄旧藏。

品鉴　此组木构件共十三件，包括枨、腿足等不同器物的配件。这些构件历经百年，制作严谨，雕刻精美，包浆厚实。

[清] 混金牌（两对）

尺　　寸　尺寸不一。

参　　阅　《锦灰集珍——王世襄先生旧藏：王世襄先生藏工艺品》，Lot：3016。

文物传承　王世襄旧藏。

品鉴　　一对花板为戏牌，扁形，混金工艺，通体髹朱漆，牌身刻菱形花卉锦地纹。两端凿口，似可与其他物件相接。

一对龙纹物件，上部为U形，其托处雕相背两龙；下部为棍柄，高浮雕龙纹，有吞柄举物之势。局部剥落。

两件花板与龙纹物件皆做工精美。

[清乾隆] 卷草纹错金铁带钩

尺　　寸　3.6 厘米 ×3.2 厘米。

著　　录　王世襄著，《自珍集》，图版 9.6，P216。

参　　阅　《俪松居长物——王世襄、袁荃猷珍藏中国艺术品》，Lot：1241。

文物传承　1950 年 9 月 24 日，王世襄购自北京地安门冷摊。

> **品鉴**　带钩为椭圆形，背面有扣可穿丝带。正面龙首昂起，须下有钩。椭圆形面上错金丝成卷草纹，丝细如发，工艺精湛。此物应为清雍乾时期造办处制。

[清中期] 黄花梨帽筒一对

尺　　寸　31.8厘米。

参　　阅　《中国嘉德 1997 年春季拍卖会·瓷器玉器鼻烟壶工艺品》，Lot：530。

文物传承　王世襄旧藏。

此帽筒用黄花梨木整挖，材料硕大。内膛挖空一半，尚留一半实心，以使帽筒牢固稳重。木纹华美，色泽亮丽，成对传世非常罕见。

[清]紫檀、黄杨葵形花插

尺　　寸　5.7厘米×5.7厘米×13厘米；6.1厘米×6.1厘米×13厘米。

参　　阅　《玩物适情——名家收藏集珍》，Lot：4687。

文物传承　王世襄旧藏。

品鉴　紫檀花插，葵花瓣式，瓶形，束颈，直腹。器壁厚实，随花瓣形口沿起伏，棱瓣分明。其木坚纹密，包浆莹润。周身光素无雕饰，以紫檀自然之纹理色泽取胜。作为承花之器，简约秀雅，彰显趣味。

　　黄杨木花插，质地温润细腻。圆形小口，平肩，壁身较高，为花瓣形，花瓣之间的委角线流畅利落。两件花插，一紫一黄，插花置于案上，赏春华秋实，别有一番韵致。

[清中期] 各式缂丝刺绣活计（四十九件）

尺　　寸　尺寸不一。

参　　阅　《锦灰集珍——王世襄先生旧藏：王世襄先生藏工艺品》，Lot：3029。

文物传承　王世襄旧藏。

品鉴

清朝宫廷将佩带在身上的小件绣品称为"活计"。此组活计共四十九件，包括香袋、香囊、挂饰、扇套、眼镜盒、葫芦荷包、桃形荷包等多种品类。

这些活计构图迥异，有的绣锦地纹，表面锁线绣精美图案，表现形式丰富，有的则简洁明快。布局疏密合理，既美观又实用。色调多样，有大红、杏黄、宝蓝、月白、纯黑等多种。绣工精细，针脚平齐密实。

活计的纹样也各有特色。或为整齐的几何纹饰，如"寿"字纹、"富贵"纹等，表达美好的祝愿，或为植物纹、动物纹，如梅花、兰花、竹子、梧桐、莲花、牡丹、凤凰、仙鹤、蝙蝠、喜鹊等，集清雅、吉祥于一身。这些纹样虽各不相同，但皆取祥和、安康、富贵之意。

原配红松石、丝穗等配件。

[近代] 混金龙纹斧

尺　　寸　61厘米×25厘米。

参　　阅　《锦灰集珍——王世襄先生旧藏：王世襄先生藏工艺品》，Lot：3026。

文物传承　王世襄旧藏。

品鉴　此斧底部握柄处缠两龙，斧柄自龙口而出。上部做龙头状，龙张口吐舌，斧头随舌吐出。采用混金工艺，故龙饰隐隐泛金光。此斧将龙的庄严与斧的威严融为一体，兼用混金工艺，更显华贵与气派。

[明] 银簪花香球

尺　　寸　直径6厘米。

参　　阅　《稽古——中国文房艺术》（2014），Lot：6370。

文物传承　王世襄旧藏，赠予韵荪。

> **品鉴**　此香薰球通体透雕，玲珑剔透。小球中有子母口，内藏平衡环形活轴两个，轴由同心圆组成，于其中铆接香盂，这样薰球无论怎样滚动，都能使香盂保持水平。此球镂刻精湛，设计精巧，十分难得。

[清乾隆]紫檀莲纹花板

尺　　寸　40.5厘米×6厘米×2.5厘米。
参　　阅　《锦灰集珍——王世襄先生旧藏：王世襄先生藏工艺品》，Lot：3027。
文物传承　王世襄旧藏。

品鉴　此板雕莲花、莲叶纹。中段莲花盛开，莲叶自花头向外舒展开来，莲叶茎脉清晰至两端各连着一朵含苞待放的莲花。